Alexandra Cavelius

Schlafen Sie sich gesund

Alexandra Cavelius

Schlafen Sie sich gesund

Wach durch Powerschlaf

Weltbild

Inhalt

Vorwort 6

Streifzug durch Geschichte und Theorie des Schlafes 8

Vom Altertum bis in die Neuzeit 8

Der Beginn der Schlafforschung 11

Sind Träume nur Schäume? 21

Warum schläft der Mensch? 26

Wie viel Schlaf braucht der Mensch? 36

Die nächtliche Körpersprache 41

Gesünder und glücklicher durch Schlaf 44

Zusammenhänge zwischen Schlaf und Wohlbefinden 44

Mehr Erfolg durch Schlaf 48

Gestörtes Schlafverhalten kann zu Bluthochdruck, Erschöpfungszuständen und anderen Gesundheitsstörungen führen.

Der Mittagsschlaf: Schlüssel zur Zufriedenheit 66

Der Kurzschlaf verleiht neue Kräfte 66

Die praktische Umsetzung des Nickerchens im Alltag 80

Stehen Sie zu Ihrer Schlafphilosophie 80

Fit durch Powerschlaf 88

Schlafstörungen – Was hemmt den Schlaf? 94
Erholsamer Schlaf ist erlernbar 94
Psychische Ursachen für Schlafstörung 99
Organische Gründe 106
Medikamente und Alkohol 109
Der Einfluss der Ernährung 114
Andere Ursachen 117

Formen der Schlaflosigkeit 122
Die vier häufigsten Schlafstörungen 122
Schlaflosigkeit bei Kindern 136
Schlaflosigkeit bei Senioren 144

Die besten Wege zum guten Schlaf 148
Zum inneren Gleichgewicht finden 148
Autogenes Training 153
Naturheilmittel und Kräuter 157
Östliche Massagetechniken 160
Wundermittel Wasser 164
Wie man sich bettet, so schläft man 167
Das Schlafprotokoll: Hilfe zur Selbsthilfe 173

Über dieses Buch 174
Register 175

Der Mittagsschlaf sollte nicht nur als Privileg von Kleinkindern und Rentnern betrachtet werden.

Vorwort

Der Elefant tut es, die Küchenschabe und selbst die Bakterie. Alle schlafen in regelmäßigen Abständen. Egal, ob Mensch oder Tier, der Schlaf ist lebensnotwendig wie Essen und Trinken. Nur wer gut schläft, bleibt auf Dauer fit und gesund. Denn die erholsame Nachtruhe ist weit mehr als ein biologischer Vorgang. Sie regeneriert nicht nur die Zellen unseres Körpers, sondern auch unsere Seele. Der Schlaf schenkt uns Entspannung, Optimismus und neue Lebensenergie. »Der Schlaf ist für den Menschen das, was das Aufziehen für die Uhr ist«, meinte der Philosoph Arthur Schopenhauer.

Auch die Seele wird im Schlaf gereinigt. Wir schöpfen Lebensmut und Energie für den neuen Tag.

Eine ungestörte Nachtruhe ist jedoch für jeden dritten Bundesbürger ein Wunschtraum. Die Betroffenen klagen über Unkonzentriertheit, depressive Verstimmungen und verminderte Leistungsfähigkeit. Sie fallen durch Fehlzeiten am Arbeitsplatz auf und geraten öfter mit ihrer Umwelt in Konflikt. Fehler im Berufsleben häufen sich, und die Unfallgefahr steigt.

Schlafstörungen sind ein Symptom

Bei Schlafstörungen handelt es sich aber um keine Krankheit, sondern um ein Symptom. Es weist darauf hin, dass Körper, Seele, Geist oder alle drei zusammen Hilfe benötigen. Oft sucht man Abhilfe durch den schnellen Griff zur Schlaftablette. Doch in den meisten Fällen verschlimmern diese seelischen Krücken unsere Schlafstörungen. Statt einen künstlichen und wenig erholsamen Schlummer herbeizuzwingen, sollten wir herausfinden, was uns nicht zur Ruhe kommen lässt. Denn wir können selbst viel dafür tun, um wieder eine erholsame Nachtruhe zu finden. Dabei wird Ihnen dieses Buch zahlreiche Hilfestellungen und Ratschläge geben.

Trotz der erwiesenermaßen lebensnotwendigen Aufgaben des Schlafes haftet ihm in unserer Hightechgesellschaft ein schlechtes Image an. Es gibt einfach zu viel zu tun: Seien es Arbeit rund um die Uhr, Fernsehen oder Nachtleben, die uns ständig auf den Beinen halten. Schlaf wird als notwendiges Übel und vertrödelte Zeit angesehen. Wer sich die klassischen acht Stunden Nachtschlaf gönnt, gilt in unserer Leistungsgesellschaft schnell als Phlegmatiker. Wer sich zusätzlich mittags aufs Ohr legt, wird als Faulpelz verurteilt. Dabei handelt es sich bei der Extraportion Schlaf keineswegs um unproduktive Ausfallzeit. Im Gegenteil: Der Mittagsschlaf ist fest in unserem Biorhythmus einprogrammiert. Er verbessert die geistige Leistungsfähigkeit, unsere Gedächtnisleistung und sogar die Herzfunktion. Je hektischer die Welt um uns herum wird, umso wichtiger ist es zu wissen, wie man sich schnell und gut erholen kann.

In einer Welt, die nicht mehr still steht, wird Schlafmangel zur Epidemie. Die Menschen in den westlichen Industrienationen schlafen meist zu wenig.

Schlaf ist keine vergeudete Zeit

Sie können mithilfe dieses Buches lernen, den Schlaf gezielt für Ihr persönliches Wohlbefinden und Ihren Erfolg zu nutzen. Und Sie sollten es tun. Denn Wissenschaftler haben längst herausgefunden, dass Schlaf alles andere als sinnlos vergeudete Zeit ist. Unsere Leistungsfähigkeit wird seit Urzeiten von einer inneren Uhr im Körper gesteuert. Dieses biologische Erbe zwingt uns zum Schlaf. Wer zu oft gegen seinen inneren Zeitmesser arbeitet, lebt gefährlich. Der Körper rächt sich mit Krankheiten, weil unser Immunsystem sich nicht regenerieren kann.

Um wieder eine natürliche Einstellung zum Schlaf zu finden, müssen wir uns zunächst einmal mit dem Phänomen Schlaf befassen. Je mehr wir über ihn wissen, desto leichter wird es uns fallen, ihn als Freund zurückzugewinnen.

Anstatt nach Möglichkeiten zu suchen, unseren natürlichen Rhythmus zu überlisten, sollten wir uns auf die Bedürfnisse unseres Körpers besinnen.

Streifzug durch Geschichte und Theorie des Schlafes

In der griechischen Mythologie wird der Schlaf als Gabe der Götter betrachtet.

»Im Schlaf ist der Mensch eins mit dem Universum«, lautet eine alte chinesische Weisheit. Das nächtliche Entgleiten in fremde Welten war jahrtausendelang für die Menschheit untrennbar mit den Gesetzen der Natur verbunden. Alte Völker hielten die Nachtruhe für heilig und weihten ihren Schlafgöttern blumenübersäte Tempel. Der Schlaf hatte eine mystische Bedeutung. Träume galten als göttliche Botschaften, die zuverlässige Hinweise auf Gegenwart und Zukunft lieferten. Nur die wenigsten Menschen hinterfragten damals ernsthaft: Warum schlafen wir?

Vom Altertum bis in die Neuzeit

Von alters her hat der Schlaf die Menschen fasziniert und sie zu den abenteuerlichsten Geschichten angeregt.

Der prophetische Traum taucht als Motiv genauso in den heiligen Schriften der Juden und Christen wie im Koran der Moslems auf. Rund um den Erdball deuteten Schamanen, Priester und Medizinmänner die rätselhaften Bilder in unseren Köpfen. Da sich nachts Seele und Geist auf geheimnisvolle Weise erholen, unsere Vorfahren waren der Meinung, dass sich dahinter nur die Weisheit und Vernunft höherer Mächte verbergen könnte. In diesem Glauben schrieb vor 2000 Jahren der griechische Philosoph Plutarch: »Der Schlaf ist die einzige unentgeltliche Gabe der Götter.«

Um die verschiedenen Schlafgötter rankten sich abenteuerliche Geschichten. In der griechischen Mythologie hieß der Gott des

Schlafes Hypnos. Er war ein Sohn der Göttin der Nacht, ein Bruder des Todesgottes und ein Enkel der Gottheit des Chaos. Die Griechen nannten das Schlafen »ruhen in den Armen von Morpheus«. So hieß der Sohn des Schlafgottes Hypnos.

Die Angst vor der Dunkelheit

Unsere Vorfahren ängstigten sich angesichts der dunklen Nacht mit ihren zahlreichen Geheimnissen.

Unsere Vorfahren empfanden großen Respekt vor dem geheimnisumwitterten Schlaf. Schließlich bestand völlige Ungewissheit darüber, was in der finsteren Nacht mit ihrem Körper und ihrer Seele geschah. Wehrlos mussten sich Mensch und Tier dem Willen des »sanften Tyrannen« unterordnen. Diese Machtlosigkeit gegenüber einer fremden Gewalt verunsichert die Menschen bis heute.

Misstrauisch und ängstlich standen unsere Vorfahren der allabendlichen Reise ins Dunkle gegenüber. Die finstere Nacht mit ihren bösen Dämonen und fantastischen Kopfgeburten galt als gefährlich und unberechenbar. Und so verwundert es nicht, dass der Schlaf in alten Religionen und Mythologien einen Bruder bekam, den Tod. »Nur Gott schläft nicht. Die Tatsache, dass der Mensch schläft, beweist, dass er sterblich ist«, lautet eine Weisheit der Rabbiner. Zahlreiche alte Überlieferungen besagen, dass die Seele nachts den Körper verlässt und erst am frühen Morgen wieder zurückkehrt.

Wenn der Mensch stirbt, so nahm man an, fliegt die Seele für immer davon. Der Sensenmann wartete aber ebenso, wenn ein Schläfer brüsk geweckt wurde und die Seele nicht mehr genügend Zeit fand, in den Körper zu schlüpfen. Die Furcht vor dem Tod spiegelt sich auch in Volksliedern wie »Guten abend, gute nacht« wider. In einer anderen Strophe heißt es: »Morgen früh, wenn Gott will, wirst du wieder geweckt«. Der Mensch konnte sich nie sicher sein, ob er die Nacht überlebte.

Im Zeitalter der Glühbirne

Im Jahr 1879, als der berühmte Forscher Thomas Alva Edison die Glühbirne erfand, wandelte sich das Verhältnis der Menschen zum Schlaf schlagartig. Auf einmal konnte man mit künstlichem Licht die Nacht zum Tage machen und der Dunkelheit ihren Schrecken nehmen. Durch diese technische Errungenschaft änderte sich auch das Schlafverhalten der Menschen. Man ging nicht mehr mit dem Sonnenuntergang und den Hühnern ins Bett. Mit dem elektrischen Licht war es jetzt auch am späten Abend noch möglich, wach und aktiv zu sein.

Das Kunstlicht nahm der finsteren Nacht den Schrecken. Nun konnte man auch die Nacht zum Tage machen.

Schlaf war nicht länger natürlicher Bestandteil unseres Daseins, sondern wurde zunehmend als hinderliche Last und vertane Zeit empfunden. Im Vergleich zu uns waren unsere Urgroßeltern regelrechte Schlafmützen: Sie verbrachten durchschnittlich neun Stunden im Bett. Dagegen bleibt der moderne Mensch nur noch siebeneinhalb Stunden in den Federn.

Die Nachtruhe wurde in der heutigen Zeit vielfach zu einem notwendigen Übel degradiert. Ein lästiger Tribut an die Natur, den man wohl oder übel zahlen musste, um tagsüber etwas leisten zu können. »Während du schläfst, lebst du nicht!« – mit diesem drohenden Spruch spornten Lehrer und Eltern ihren Nachwuchs lange Zeit zu mehr Arbeit an.

Denn obwohl große Männer wie der englische Dichter Shakespeare den Schlaf als »Balsam für die Seele« oder wie der griechische Philosoph Aristoteles als »Hüter des Lebens« bezeichneten, war die nächtliche Ruhe mit dem Industriezeitalter in Verruf geraten. Viel falscher Glaube und überkommene Sprüche aus dem Volksmund kursieren noch heute um den Schlaf wie um einen Mythos. Mit den neuen Erkenntnissen der Wissenschaftler konnte man aber viele alte Vorurteile über Bord werfen. Dennoch gibt uns der Schlaf weiterhin zahlreiche Rätsel auf, die wir vielleicht niemals lösen werden.

Der Beginn der Schlafforschung

Die Entwicklung des Schlafes ist so alt wie die Zeit selbst. Doch erst seit den 50er Jahren gibt es eine wissenschaftliche Disziplin, die sich speziell mit dem Schlaf beschäftigt. Und in dieser kurzen Zeitspanne konnten mehr Erkenntnisse über den Schlaf gewonnen werden als in den vergangenen 6000 Jahren davor.

Seit drei Milliarden Jahren zwingt eine innere Uhr fast alle Lebewesen, in einem regelmäßigen Rhythmus zu schlafen.

Kleine Geschichte der Schlafforschung

Noch die alten Römer glaubten, dass im Schlaf das Gehirn aussetzt und die Seele sich vom Körper löst, um Götter und Geister zu treffen. Der griechische Arzt und Begründer der modernen Medizin, Hippokrates, mutmaßte bereits über die Bedeutung des Gehirns und den Einfluss innerer Sekretionen beim Schlaf. Aristoteles, einer der ersten wissenschaftlichen Denker, machte das Herz, als Zentrum des Körpers, und kühlende Körperdämpfe für den Schlaf verantwortlich.

Der Denker Platon und der berühmte griechische Arzt Galenus glaubten wie Aristoteles, dass Körperdämpfe den Schlaf verursachen. Allerdings meinten sie, dass Dämpfe aus dem Magen das Gehirn und nicht das Herz blockierten und dadurch den Schlaf auslösten. Die Auffassung über die Magendämpfe überlebte in leichten Variationen bis in die Neuzeit hinein.

Das Mittelalter brachte in der Erforschung des »Allherrschers«, wie man den Schlaf damals nannte, keinerlei Fortschritt. Im 18. und 19. Jahrhundert gab es zwei unterschiedliche Schlaftheorien. Eine Fraktion behauptete, dass der Schlaf durch einen Blutmangel im Gehirn hervorgerufen werde. Die anderen Vertreter nahmen genau das Gegenteil an: Der Schlaf werde durch einen Überschuss an Blut bedingt.

Im Laufe der Jahrhunderte entwickelten Gelehrte und Wissenschaftler zahlreiche, zum Teil auch widersprüchliche Theorien, um das Phänomen Schlaf zu erklären.

Erst vor etwa 50 Jahren vollzog sich eine regelrechte Revolution in der wissenschaftlichen Betrachtung.

Die bahnbrechende Wende

Durch die Entdeckung, dass unsere Gehirnströme elektrisch messbar sind, eröffneten sich der Schlafforschung völlig neue Dimensionen.

Der Umschwung fand im vergangenen Jahrhundert mit der Entdeckung der elektrischen Hirnströme statt. Dadurch war es erstmals möglich, die in unserem Gehirn stattfindenden Veränderungen während des Übergangs vom Schlaf- zum Wachzustand zu beobachten. Die Wissenschaftler rieben sich damals bestimmt erstaunt die Augen. Denn der Unterschied zwischen der Aktivität des wachen und des schlafenden Hirns war groß.

Um die komplizierten Vorgänge in unserem Körper verstehen zu können, müssen wir einen Blick unter die Schädeldecke werfen. Das Gehirn setzt sich aus unzähligen Neuronen (Nervenzellen) zusammen. Diese stehen miteinander in Verbindung und besitzen elektrische und chemische Eigenschaften.

In den 30er Jahren nutzte der Jenaer Psychiater und Neurologe Hans Berger diese Kenntnisse. Er entwickelte eine Methode, mittels der elektrische Signale der Neuronen erstmals wissenschaftlich nachgewiesen werden konnten. Mithilfe zweier Elektroden, die der Forscher an den Schläfen verschiedener Testpersonen befestigte, konnte er die Stromspannung zwischen den Nervenzellen messen. Alle Abläufe im Gehirn zeichnete ein Gerät auf einem Papierstreifen auf. Diese Aufzeichnungen, auf denen endlose Kurvenkolonnen zu sehen waren, nannte der Wissenschaftler Elektroenzephalogramm (EEG).

Mit seinen Messungen widerlegte der Wissenschaftler die damals vorherrschende Meinung, dass beim Schlafen sprichwörtlich die Lichter im Gehirn ausgehen. Das Ergebnis war: Unser Schlaf wird durch eine veränderte Gehirnaktivität ausgelöst und nicht, weil unsere Denkzentrale aufhört, aktiv zu sein.

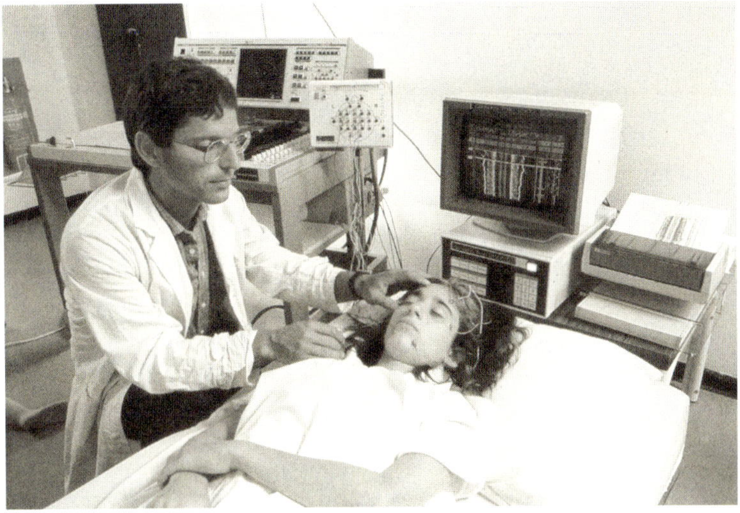

Ein wichtiges Hilfsmittel in der Schlafforschung ist das Elektroenzephalogramm, das die im Gehirn stattfindenden Abläufe aufzeichnet.

Das EEG bewies anhand der unterschiedlichen Kurvenbilder, dass das Gehirn auch im Schlummerzustand hochaktiv ist. Der Mensch ruhte im Schlaf also keineswegs nur aus, wie bis dahin immer vermutet worden war. Berger stellte zudem fest, dass sich die elektrische Aktivität veränderte, wenn die Versuchsperson starken Reizen ausgesetzt war oder wenn sich Denkprozesse bei der Person abspielten.

Von den Gehirnstromwellen kennzeichnen Betawellen den aufmerksamen Wachzustand, Alphawellen den entspannten Wachzustand, Thetawellen den oberflächlichen Schlaf und Deltawellen den Tiefschlaf.

Eine revolutionäre Entdeckung

Etwa 20 Jahre nachdem Berger durch seine Arbeiten die Schlafforschung aufgerüttelt hatte, machte ein junger Medizinstudent in Chicago eine weitere Entdeckung. Eugene Aserinsky beobachtete in den 50er Jahren, dass Menschen im Schlaf etwa alle 90 Minuten ihre Augen schnell bewegten und meist gleichzeitig mit den Gliedmaßen zuckten. Dieses rätselhafte Verhalten hörte nach kurzer Zeit wieder auf. Die Menschen schliefen regungslos weiter, bis die Augenbewegungen wiederkehrten.

Aserinsky hatte den Traumschlaf entdeckt, der die Zeit des Tiefschlafes zyklisch unterbrach. Die gleichen Beobachtungen kann übrigens jeder machen, der sich einen Hund oder eine Katze als Haustier hält. Oft jaulen oder miauen sie im Schlaf. Gleichzeitig bewegen sich ihre Augen hin und her und die Pfoten zucken wild. Automatisch fragt man sich: Ob die Katze wohl von fetten Mäusen träumt oder der Hund von einer wilden Hasenjagd? Und in der Tat folgerte der Wissenschaftler Nathaniel Kleitmann aus den Beobachtungen seines Kollegen, dass dieses aufgewühlte Schlafverhalten im Zusammenhang mit den Träumen stehen müsse.

Die neue Erkenntnis lautete: Die nächtlichen Augenbewegungen haben etwas mit dem Träumen zu tun.

Er behauptete, dass sich die Augen so rasch hin und her bewegten, weil sie den nächtlichen Kinofilmen folgten, die im Kopf während des Träumens abliefen. Um dies zu beweisen, startete Kleitmann eine Testreihe mit verschiedenen Probanden. Sobald sich die Augen der jeweiligen Personen im Schlaf bewegten, weckte der Wissenschaftler sie auf und fragte, ob ihnen gerade etwas durch den Kopf gegangen sei. Die meisten Personen berichteten von den eben erlebten Abenteuern. Mit seinem Experiment bewies Kleitmann, dass der Mensch in der Phase der schnellen Augenbewegungen träumte.

Wiederkehrende REM-Phasen

Jede Nacht durchlaufen wir im Schlaf mehrmals unterschiedliche Phasen. Für unsere Träume entscheidend sind die so genannten REM-Phasen.

Der REM-Schlaf – REM ist die Abkürzung von Rapid Eye Movements, »rasche Augenbewegungen« – kehrt ständig wieder. Den jeweils davor stattfindenden Tiefschlaf im ruhigen Zustand nennt man ganz einfach NON-REM-Schlaf. Schade übrigens, dass unsere Haustiere nicht von ihren nächtlichen Abenteuern erzählen können. Denn aus diesem Grund bleibt es bei der bloßen Vermutung, dass auch sie träumen, wenn sich ihre Augen im Schlaf schnell bewegen.

BERÜHMTE SCHLAFFORSCHER

→ *1928 erfand Hans Berger eine Messmethode, das EEG, mit der er elektrische Ströme im Gehirn nachweisen konnte. Er stellte Veränderungen der Ströme im Schlaf fest.*

→ *1953 entdeckte Eugene Aserinsky den REM-Schlaf, der die Zeit des Tiefschlafs zyklisch unterbricht.*

→ *Kurz darauf konnte sein Kollege Nathaniel Kleitmann nachweisen, dass wir in den REM-Schlafphasen träumen.*

Vom sehr leichten bis zum REM-Schlaf

Jede Nacht geschehen aufregende Dinge in unserem Kopf. Das beweisen die Hirnstromkurven (EEG). Während die Kurven des EEGs für die meisten Menschen abstrakt wie ein felsiges Gebirge aussehen, schmökern Schlafforscher darin wie in einem spannenden Krimi. Für sie sprechen die Kurven Bände und geben über das Geschehen im Gehirn genaue Auskunft.

Die Hirnstromkurven des EEG sind für die Schlafforscher eine Quelle der Erkenntnis – sie geben Auskunft über das Geschehen im Gehirn.

Hans Berger, der Erfinder des EEGs, stellte anhand der aufgezeichneten Kurven fest, dass der Mensch im Schlaf mehrmals fünf gleiche Phasen durchläuft. Unterwegs in die Tiefe des Schlafs steigen wir gleichsam eine Treppe, Stufe für Stufe, hinunter.

Phase 1: Sehr leichter Schlaf

Einige Minuten vor dem Einschlafen dösen wir im Halbschlaf. Währenddessen grübeln wir mit Vorliebe über den vergangenen Tag. Langsam verselbständigen sich die Gedanken. Leichte Träumereien setzen ein. Wer in diesem Dämmerzustand noch ein Buch liest, wird sich am nächsten Morgen nicht mehr an den Inhalt erinnern. Wir nehmen Sinnesreize zwar noch auf, aber unser Bewusstsein erreichen sie nicht mehr.

Wer vor Müdigkeit über einem Buch einschläft, wird sich kaum an das Gelesene erinnern.

Zuweilen ist das Absinken in den Halbschlaf mit einem eingebildeten Sturz in die Tiefe verbunden. Der Einschlafende hat das Gefühl, den Boden unter den Füßen zu verlieren. Die Muskelspannung lässt nach, und die Körperhaltung lockert sich.

Das EEG registriert im entspannten Wachzustand und beim Dösen so genannte Alphawellen, die höher und langsamer sind als die flachen und schnellen Betawellen, die unser Gehirn im Wachzustand produziert. Beim Einschlafen werden sie von den langsamen und flachen Thetawellen abgelöst.

Phase 2: Leichter Schlaf

In der Einschlafphase kommt es hin und wieder zu typischen Muskelzuckungen.

Es dauert in der Regel nur wenige Minuten, bis das Bewusstsein schwindet und man in einen etwa 20-minütigen leichten Schlaf fällt. Im EEG zeigt sich in dieser Schlafphase ein sehr buntes Bild. Es werden Thetawellen, Alphawellen und flache Deltawellen sichtbar. Zuweilen kommt es in dieser Phase zu Muskelzuckungen, die typisch für das Einschlafstadium sind. Sie deuten darauf hin, dass sich die Muskulatur weiter löst. In dieser Zeit schlagen das Herz und der Puls langsamer, die Atmung wird ruhiger.

Phase 3: Tiefer Schlaf

Erst in der dritten Phase beginnt der mitteltiefe Schlaf. Er dauert etwa zehn Minuten und wird auch Deltaschlaf genannt, weil die Deltawellenform mit hohem Ausschlag überwiegt. Allerdings wechselt sie sich noch mit den flacheren Thetawellen ab. Die Atmung wird regelmäßig und tief. Vollkommen eingetaucht in den Tiefschlaf sind wir aber immer noch nicht.

Phase 4: Sehr tiefer Schlaf

Die tiefste Form der nächtlichen Bewusstlosigkeit erreicht man bereits etwa 30 Minuten nach dem Einschlafen. Der Tiefschlaf dauert rund eine Stunde lang. Jetzt registriert das EEG ausschließlich extrem langsame Deltawellen. Der Mensch schläft buchstäblich wie ein Stein. Nur starke von außen kommende Reize könnten den Schlafenden jetzt aufwecken. Der Sauerstoffverbrauch im Gehirn und die Körpertemperatur sinken auf ein Minimum.

In der vierten Schlafphase laufen Sauerstoffverbrauch und Körpertemperatur sozusagen auf Sparflamme.

Sehr wahrscheinlich ist allein der Tiefschlaf für das nächtliche Auftanken neuer Lebenskräfte zuständig. In dieser Phase wird nämlich das Wachstumshormon Somatotropin ausgeschüttet, das für die Regeneration der Zellen verantwortlich ist.

Phase 5: Der REM-Schlaf

Im aktiven oder paradoxen Schlaf schlüpft der Schläfer aus der Bewusstlosigkeit des Tiefschlafs in das bunte Universum der Träume hinein. In diesem Stadium ist das Muster im EEG dem des Wachzustandes verblüffend ähnlich. Herz, Puls, Atmung und Gehirnwellen legen enorm an Geschwindigkeit zu, und der Blutfluss zum Gehirn verdoppelt sich. Unsere Denkzentrale benötigt jetzt eine Extraportion Kraftstoff, denn sie verbraucht zwölf Prozent mehr Glukose als sonst. In unserem Hirn finden regelrechte Gewitter statt.

Im REM-Schlaf ereignen sich turbulente Veränderungen in Kopf und Körper.

Gleichzeitig werden unsere Geschlechtsorgane so stark durchblutet, dass der Penis steif und die Scheide feucht werden. Das hat übrigens nichts mit erotischen Träumen zu tun, wie man vielleicht vermuten könnte. In dieser Schlafphase ist das völlig normal.

Während unser Gehirn auf Hochtouren läuft, ist unser restlicher Körper wie gelähmt. Dabei handelt es sich um einen Schutzmechanismus, der die Weitergabe von Befehlen im Gehirn an die Körpermuskeln verhindert. Haben Sie nicht auch schon einmal von einem verzweifelten Fluchtversuch geträumt, bei dem Sie keinen Millimeter vom Fleck kamen? Der lahmgelegte Körper verhindert, dass der Schlafende versucht, aktiv in sein Traumgeschehen einzugreifen oder seine Träume in die Realität zu übertragen. Setzte sich der Schläfer beispielsweise gegen ein Traumungeheuer handgreiflich zur Wehr, würde er bei der heftigen Bewegung womöglich aus dem Bett stürzen und zöge sich dabei Verletzungen zu.

Dass unser Körper in den Traumphasen wie gelähmt ist, ist eine sinnvolle Schutzfunktion der Natur.

Bei der REM-Phase handelt es sich um eine Leichtschlafperiode bzw. um ein Auftauchstadium, das rund eine halbe Stunde dauert. Bildlich kann man sich das am besten so verdeutlichen: Nachdem wir in unserem Kopf in das erste, zweite, dritte und vierte Untergeschoss hinabgestiegen sind, fahren wir im fünften Stadium relativ rasch mit dem Lift wieder empor zum Erwachen.

TRÄUMEN WIR NUR IN DER REM-PHASE?

Der Mensch träumt während der gesamten Schlafzeit immer wieder mit Unterbrechungen. Die meisten aufregenden Abenteuer erlebt der Träumer jedoch während der REM-Phase, in der das Gehirn fast so aktiv wie in der Wachzeit ist. Die REM-Träume sind mit handlungsreichen, oft absurden Geschichten gefüllt. In den Tiefschlafphasen erleben wir hingegen eher flüchtige Eindrücke, die unseren Gedanken gleichen. Der Schläfer ist nur selten aktiv am Geschehen beteiligt, und emotionale Komponenten fehlen in der Regel ganz. In den Übergangsphasen vom REM- zum Non-REM-Schlaf haben wir vor allem Träume, bei denen Menschen körperlich aktiv werden.

Die Zyklen des Schlafes

Die fünf Phasen des Schlafs bilden einen Zyklus, der durchschnittlich 90 bis 100 Minuten dauert. Eine Nacht besteht aus vier bis sechs solcher Zyklen. Nach jeder Schlafrunde wachen wir kurz auf, allerdings oft ohne das bewusst zu merken. Die längste Tiefschlafphase tritt vor allem während der ersten drei Stunden der Nachtruhe auf. In dieser Zeitspanne findet für den Körper auch der erholsamste Teil der Nacht statt.

Das Gerücht, dass der Schlaf vor Mitternacht der gesündeste sei, gehört allerdings ins Reich der Märchen. Richtig ist: Wer vor zwei Uhr nachts ins Bett findet, wird ausreichend Tiefschlaf finden. Erst nach zwei Uhr wird der Schlaf allmählich immer flacher. Nur wer großen Nachholbedarf hat, findet auch in dieser Zeit erholsamen und tiefen Schlummer.

Je mehr der Aufbau der nächtlichen Reise gestört ist, desto schlechter wird die Qualität des Schlafes.

Im Laufe der Nacht verkürzen sich der tiefe und der sehr tiefe Schlaf (Phase 3 und 4) immer mehr. Gleichzeitig wird der REM-Schlaf (Phase 5) immer länger.

Der erste Zyklus des Schlafs ist noch zu etwa 30 Prozent mit Tiefschlaf durchsetzt. Bereits im fünften Zyklus sinkt dieser Anteil auf bis zu ein Prozent ab. Andersherum verhält es sich mit dem Umfang der Träume. Der erste Traum einer Nacht umfasst nur wenige Minuten, im zweiten Zyklus dehnt er sich bereits ein wenig in die Länge, und am frühen Morgen kann der Traum bis zu 50 Minuten dauern. Pro Nacht ergibt das im Durchschnitt 100 bis 120 Minuten Traumzeit, die auf etwa acht Stunden Schlaf fallen.

Während einer Nacht werden die Traumphasen von Schlafzyklus zu Schlafzyklus länger, die Tiefschlafphasen kürzer.

Resümee: Jenseits des Wachseins

Unser Schlaf ist kein passiver Zustand, sondern ein aktiver, dynamischer Prozess, der sich rhythmisch in fünf Phasen gliedert. Man unterteilt ihn in zwei Funktionen: den Non-REM- und den REM-Schlaf.

Der Non-REM-Schlaf (Phase 1 bis 4) setzt mit dem Dösen ein, geht schließlich über in leichten Schlaf, um dann im Tiefschlaf zu enden. Schlafforscher sprechen von einem »faulen Hirn in einem fleißigen Körper« während des Tiefschlafs und von einem »fleißigen Hirn in einem gelähmten Körper« während des aktiven Traumschlafs. Im Tiefschlaf findet die körperliche Regeneration und die intensivste Erholungszeit statt. Im Anschluss daran folgt der REM-Schlaf (Phase 5). Dabei handelt es sich um den Schlaf, in dem der Mensch am lebhaftesten träumt. Er ist für die Erholung der Psyche zuständig.

Hexenküche Gehirn

Im Schlafzustand ist unser Körper nur scheinbar passiv. In Wirklichkeit arbeitet unser Gehirn auf Hochtouren.

Wenn der Mensch in die nächtlichen Traumwelten abtaucht, brodelt es in der Hexenküche des Gehirns. Nicht nur elektrische, sondern auch chemische Vorgänge zwischen Milliarden von Zellen, Hormonen und anderen Stoffen bestimmen den bis heute geheimnisumwitterten Schlafzustand.

Sobald die Nervenzellen untereinander elektrische Impulse hin und her schicken, kommt es zur Ausschüttung chemischer Substanzen, den Neurotransmittern (Botenstoffen). Die hormonähnlichen Substanzen zählen mit zu den aufregendsten Entdeckungen im Gehirn. Sie sorgen dafür, dass die Informationen von Nervenzelle zu Nervenzelle bis zu ihrem endgültigen Bestimmungsort blitzschnell weitergeleitet werden.

Störungen der hormonähnlichen Substanzen wirken sich erheblich auf den Schlaf aus. Zu den wichtigen Neurotransmittern zählen beispielsweise das Serotonin und das Acetylcholin. Das Serotonin, ein einschläfernder Stoff, wird als »Steuermann des Schlafes« bezeichnet. Während des Tiefschlafs ist unser Gehirn damit regelrecht überschwemmt. Wenn wir träumen, überflutet hingegen das Acetylcholin unsere Denkzentrale.

Sind Träume nur Schäume?

Ist der Traum ein sinnloses Gehirngewitter oder kreatives Werkzeug des Unterbewussten? Hunderte verschiedener Theorien gibt es über Sinn oder Sinnlosigkeit unserer nächtlichen Botschaften. Fest steht, dass jeder Mensch in der Nacht träumt. Doch viele erinnern sich kaum daran. Und wenn, dann erscheinen ihnen die Traumwelten oft bizarr und unglaubwürdig. Der Spruch »Träume sind Schäume« kommt nicht von ungefähr.

Nur dabei verkennt man die Tatsache, dass ein Mensch im Laufe eines durchschnittlich 75-jährigen Lebens sechs bis sieben Jahre nur verträumt. Ganz sicherlich sind Träume deshalb mehr als ein bisschen Seife, Wasser und viel Luft. Die im REM-Schlaf hochaktiven Nervenzellen senden elektrische Impulse vor allem in die Geh-, Seh-, Hör- und Gleichgewichtszentren. Deshalb riechen und schmecken wir im Traum so gut wie nie und empfinden kaum Schmerzen. Wie wir bereits erfahren haben, spielen sich unsere Träume hauptsächlich während der REM-Phase ab, der Zeit der schnellen Augenbewegungen. Dieser aktive Zustand ähnelt sehr dem Wachzustand. Die Phase dieses Traumschlafes ist für jeden Menschen lebensnotwendig.

Jede Nacht tauchen wir in fantastische Bilderwelten ein.

Träume – die Reparaturwerkstätte unserer Seele

Die Träume bilden gleichsam die Vitamine des Schlafs. Sie gehören zum Schlaf wie die Pupillen zum Auge. Eine Studie ergab, dass Testpersonen, denen systematisch die Traumphasen entzogen wurden, schon nach ein paar Nächten psychisch völlig aus dem Gleichgewicht geraten. In den darauf folgenden störungsfreien Nächten hatten die gleichen Leute einen außergewöhnlichen Nachholbedarf. Sie träumten überdurchschnittlich viel. Daraus lässt sich schließen, dass Träume uns von den psychischen Konflikten des Tages befreien und damit als eine Art Reparaturwerkstatt unserer Seele dienen.

Wissenschaftliche Untersuchungen im Schlaflabor haben bewiesen, dass Träumen das psychische Gleichgewicht aufrechterhält.

Für Freud verbargen sich in den Träumen vorwiegend mit der Sexualität verknüpfte Wünsche, Ängste oder Erfahrungen.

Kleine Geschichte der Traumdeutung

Das älteste Werk der Traumdeutung ist das Hieratische Traumbuch. Auf Papyrus gedruckt erschien es in Ägypten um 2000 v. Chr. Im Mittelalter herrschte der christliche Glaube, dass die nächtlichen Erscheinungen vom Teufel eingeflüstert seien. Im Zeitalter der Aufklärung glaubten die Rationalisten, dass Träumen lediglich ein Ausdruck für einen gestörten Schlaf sei.
Traumdeutung wurde erst wieder mit Sigmund Freud (1856–1939) salonfähig. Er bezeichnete die Träume als »Königsweg zum Unbewussten«. Freud betrachtete Träume als ein verschlüsseltes individuelles Bilderrätsel.

Theorien über den Sinn der Träume

Im Traum verarbeitet das Gehirn Informationen

Der Traum agiert sozusagen als Müllabfuhr des Geistes. Unser Gedächtnis wird bei dieser Arbeit trainiert.

Das menschliche Gehirn ist am Ende des Tages mit Informationen, Erlebnissen und Eindrücken übersättigt. Unsere Träume sorgen dafür, dass wir nicht im Chaos ersticken, sie ordnen unsere Seele. Bedeutende Ereignisse vom Tage werden ins Langzeitgedächtnis übertragen. Platz für Neues entsteht, und Unwichtiges wird wie bei der »Löschen«-Taste auf dem Computer beseitigt. Das Gedächtnis verarbeitet Erlebnisse, Gefühle und Konflikte. Auf diese Weise liegt jeden Morgen eine Neukombination unseres Gedächtnisses vor, in dem es Neues mit älteren Erfahrungen verknüpft hat.

STARKE GEDÄCHTNISLEISTUNG IM TRAUM

Ein Beispiel aus der Forschung belegt, welche Leistung unser Gehirn in der Nacht vollbringt. Versuchspersonen hörten ein Tonband mit einem Report über ein rauschendes Fest. Das Band lief so schnell, dass man den Text nicht verstehen konnte. Trotz dieser konfusen Informationen erinnerten sich die Personen am nächsten Morgen, was es auf dem Fest zu essen gegeben hatte. Das Gehirn hatte über Nacht die Geräusche entschlüsselt und eigene Bilder daraus entwickelt. Folglich wird unser Gedächtnis in der Nacht nicht nur ausgemistet und neu geordnet – das Gehirn denkt sogar weiter.

Im Traum wird die Seele gegen Angst immun

Man hat herausgefunden, dass in den meisten Träumen ängstliche und düstere Gefühle vorherrschen. Knapp 70 Prozent der menschlichen Traumwelten sind mit negativen Emotionen besetzt. An erster Stelle kommt die Angst, dann folgen Wut, Trauer und Scham.

Bis zum frühen Morgen hin steigert sich das Maß der im Schlaf durchlebten düsteren Gefühle.

Erstaunlicherweise bestimmen nur selten Erotik oder Freude unsere Träume. Dahinter steckt ein äußerst raffinierter Mechanismus, der die Menschen gegenüber ihren eigenen Ängsten immunisieren soll. Es handelt sich sozusagen um eine körperintern stattfindende Psychotherapie. Da unsere Muskulatur während des Traums gelähmt ist, sind wir gezwungen, trotz der aufwühlenden Ereignisse gelassen zu reagieren.

Das Ergebnis: Der Träumer, ständig konfrontiert mit seinen eigenen Schreckgespenstern, wächst über seine eigenen Ängste hinaus. Im Alltag wird er, aufgrund der ausgefochtenen Kämpfe in der Nacht, mit seinen Ängsten besser umgehen können.

Im Traum durchlebt man unbewusste Wünsche

Das Unmögliche wird im Traum wahr. Wir erfüllen uns Wünsche, die uns im Wachzustand versagt bleiben. Im Traum verwandelt sich die graue Maus in eine Traumprinzessin, und der schüchterne Angestellte wirft seinem autoritären Chef eine Torte ins Gesicht. Ohne diese Ersatzbefriedigungen würde uns die Frustration vermutlich erdrücken. Der Traum hilft uns, viele Regungen des Unterbewussten zu kompensieren.

Der Traum dient als Sicherheitsventil

Der Traum bietet uns die Möglichkeit, unseren Gefühlen völlig freien Lauf zu lassen, und stellt damit eine große Hilfe für unseren Seelenhaushalt dar.

Die täglichen Zwänge, Gesetze und Tabus der Gesellschaft verbieten uns ein hemmungsloses Ausleben unserer Triebe, Aggressionen und Leidenschaften. Es bleibt meist nichts anderes übrig, als sie ins Unterbewusste zu verdrängen. Dorthin schieben wir fast alle Gefühle ab, mit denen wir im Alltag schlecht klarkommen. Dabei handelt es sich beispielsweise um Schuldbewusstsein oder unausgestandene Konflikte.

Im Traum können wir uns austoben, ohne jemandem weh zu tun. Konventionen, Kontrolle und Normen gelten nicht mehr. Dadurch bewahren wir unser seelisches Gleichgewicht.

Im Traum produziert das Gehirn Bilder ohne Sinn und Zweck

Als »wirres Trommelfeuer von Nervenreizen« betrachten viele Neurologen den Traum. Ihrer Meinung nach nimmt unsere Denkzentrale unbewusste Reize auf und verfremdet sie passend zum Trauminhalt. Beispielsweise träumt man mit einer Wärmflasche unter den Füßen, dass man einen Vulkan hinaufklettert. Nicht nur unsere Gefühle, sondern auch die chemischen und elektrischen Vorgänge verursachen während unseres Schlafes die Bilder. Nach Ansicht der Forscher produziert das Gehirn die wirren Theaterstücke nur, weil es eine Zeit der Muße braucht.

Wer träumt wovon?

Im Schlaf kann das Gehirn die visuellen, akustischen und sinnlichen Eindrücke des vergangenen Tages in Ruhe verarbeiten – eine Tatsache, die für unser Wohlbefinden von enormer Bedeutung ist. Jeder durchlebt seine persönlichen Träume, aber es gibt gruppenspezifische Gemeinsamkeiten.

Frauen

Sie träumen häufiger von ihren Geschlechtsgenossinnen (52 Prozent) als von Männern (48 Prozent). Träumerinnen erleben nachts ziemlich häufig Geschichten rund um die Familie, Freundschaften und damit verknüpfte Erlebnisse. Von Sex träumt das weibliche Geschlecht nur zu acht Prozent. Erst seit den 80er Jahren träumen Frauen auch häufiger von Aggression, Unglück und Ehrgeiz.

Seit sich die Frauen zunehmend emanzipiert haben, kommen in ihren Träumen immer mehr männerspezifische Themen vor.

Männer

Sie träumen zu 67 Prozent von anderen Männern. Am häufigsten kommen in ihren Träumen körperliche Aggression, Unglück, Erfolg und Ehrgeiz vor. Viel seltener, als wir vielleicht vermuten würden, träumen sie von Frauen. Dennoch ist der Anteil sexueller Träume bei ihnen höher: Er liegt bei zwölf Prozent.

Die Eltern tauchen in Kinderträumen erst ab einem Alter von fünf bis sieben Jahren auf.

Kinder

Die Kleinen beschreiben aus ihren Träumen oft nur kurze Szenen. Denn die Fähigkeit, in Szenen zu träumen, entwickelt sich erst mit dem Schulalter. Zwischen drei und vier Jahren träumen sie häufig von ihren Geschwistern und von Tieren. Im fünften bis siebten Lebensjahr treten die Kinder aus der Rolle des passiven Beobachters heraus und werden selbst aktiv. Dann tauchen auch die Eltern vermehrt auf.

Warum vergessen wir unsere Träume?

Je tiefer der Mensch schläft, desto weniger erinnert er sich an seine Träume.

»Das Vergessen ist der siamesische Zwilling des Traumes«, lautet ein Sprichwort. Auf Nachfragen erinnerte sich jeder zehnte morgens an die nächtlichen Inszenierungen. Jeder zwanzigste hingegen selten oder nie. Tatsache ist jedoch, dass wir bis zu sieben Träume in einer Nacht erleben. Warum können sich einige erinnern, während andere ihre Träume komplett vergessen? Um sich überhaupt an einen Traum erinnern zu können, muss man während des Träumens oder kurz danach wach werden. Menschen, die eher oberflächlich schlafen, erinnern sich deshalb besser an die nächtlichen Fantasien. Sie wachen nachts ausreichend lange auf und behalten dadurch die Traumbilder lebhaft vor Augen. Schläft der Mensch dagegen sprichwörtlich tief wie ein Stein, ohne bewusst zwischendrin wach zu werden, geraten die Träume schnell in Vergessenheit.

Dieser Mechanismus hat aber auch seinen Sinn. Denn dadurch ist unser Kopf am Morgen frei für neue Informationen. Wer sich dennoch an seine Traumwelten erinnern möchte, kann das leicht trainieren (siehe Seite 58 und 59).

Warum schläft der Mensch?

Man sollte den Schlaf nicht unterdrücken, bei längerem Schlafentzug reagiert der Körper mit Krankheit.

Schon nach einer einzigen durchwachten Nacht nimmt die Zahl der Zellen, die das Tumorwachstum im Körper verhindern, bei gesunden Männern um 30 Prozent ab. Die Unterdrückung des Schlafes über 24 Stunden erzeugt außerdem nachweislich Symptome wie Kopfschmerzen, Schwindel oder Reizbarkeit. Auch das Denken und Handeln wird erschwert.

Bereits nach ein oder zwei weiteren Tagen ohne Schlaf reagiert das Immunsystem, als ob den Körper ein Virus befallen hätte. Erzwungene Schlaflosigkeit (der Weltrekord liegt bei achtzehn

Tagen und 17 Stunden) zermürbt die Widerstandskraft und ruft Halluzinationen hervor.

Die Natur hat uns eine nächtliche Ruhepause auferzwungen, damit wir schlichtweg unser Leben erhalten und Katastrophen vermeiden. Denn die schlimmsten Unfälle passieren tatsächlich am häufigsten in der Nacht. Dazu gehören beispielsweise die beiden Reaktorunfälle von Harrisburg (1979) und Tschernobyl (1986), die Ölkatastrophe der Exxon Valdez (1989) sowie das Chemieunglück bei Sandoz am Rhein (1991). Bei all diesen Vorfällen waren die Verantwortlichen übermüdet.

Längere Schlaflosigkeit führt zu drastischen Veränderungen der Wahrnehmung und Reaktionsfähigkeit.

Das Schlafbedürfnis ist elementar

Egal ob Chinese, Südafrikaner oder Europäer – das Schlafbedürfnis ist jedem Mensch vertraut. Wir schlummern, um unsere Batterien neu aufzuladen. Denn am besten nehmen wir die Anforderung des nächsten Tages voller Tatendrang und Optimismus in Angriff. Jeder, der schon einmal einige Nächte intensiv gefeiert hat, wird bereits festgestellt haben, dass ein Schnupfen oder eine Grippe ihn in solchen angeschlagenen Momenten besonders leicht erwischen. Das liegt daran, dass eine enge Verbindung zwischen Schlaf und Immunsystem besteht.

Während des Schlafes stärkt und regeneriert sich unser Immunsystem.

Nachts tanken wir unser Abwehrsystem auf. Im Schlaf findet eine Art Generalüberholung unseres Körpers und unserer Psyche statt. Während sich im Traumschlaf Seele und Geist stärken, dient der Tiefschlaf vorrangig der Erholung unseres Körpers. Unter anderem werden Schäden repariert, Infektionen bezwungen, Giftstoffe entschlackt, und der Prozess des Alterns wird verzögert. Zudem finden nachts beispielsweise die Zellerneuerung, der Eiweißaufbau, das Wachstum, die Wundheilung, die Milchproduktion bei stillenden Müttern und die Samenbildung bei Männern statt.

Sicher ist auch, dass unser Körper im Schlaf Energie spart. Denn der Stoffwechsel ist auf Sparflamme gestellt. Doch trotz all dieser einleuchtenden Argumente für den Schlaf suchen die Wissenschaftler noch immer intensiv nach dem genauen Grund für unseren Schlaf.

Denn alleine die Tatsache, dass es sich um ein Grundbedürfnis handelt, das fast allen Lebewesen eigen ist, reicht den Forschern als Erklärung nicht aus. Jede Nacht versinkt der Mensch im Schlaf und ist damit gezwungen, die Kontrolle über sein Handeln und Denken vollständig aufzugeben. Er wird wehr- und hilflos wie ein kleines Kind und ist den Gefahren der Welt schutzlos ausgeliefert. Für dieses von der Natur auferlegte Risiko muss es triftige Gründe geben.

Drei Theorien zum Schlaf

Die Wissenschaftler regte das Geheimnis um die Nachtruhe zwar zu verschiedenen Lehrmeinungen an, die sich allerdings weitgehend ergänzen.

Schlafen muss nur das Gehirn

Warum versinken wir jede Nacht in einen Schlaf, der uns hilf- und wehrlos der Außenwelt aussetzt?

»Sleep is of the brain, by the brain and for the brain«, vermutet ein englischer Schlafexperte. Das bedeutet, dass Schlaf- und Wachzustand vom Gehirn aus gesteuert werden und folglich der Befehl »Schlaf« auch vom Gehirn kommt. Und damit unsere Denkzentrale leistungsstark bleibt, schlafen wir – nach dieser Theorie – auch für das Gehirn. Dem Körper hingegen würde eine längere Ruhephase durchaus ausreichen. Diese Behauptung gründet auf der Beobachtung, dass nach einem Schlafentzug von zehn Tagen der Körper noch voll leistungsfähig ist. Das Denken hingegen ist nach solch einer Extremsituation stark beeinträchtigt.

Unser Gehirn benötigt den Schlaf genauso wie unser gesamter übriger Körper, um sich immer wieder aufs Neue zu regenerieren.

Erholung und Regeneration

Innerhalb eines 24-Stunden-Tages sollte ein Lebewesen mindestens einmal schlafen, um Überlastungen des Gehirns und des Körpers zu verhindern. Zudem verändert sich nachts die Ausschüttung der Wachstums-, Stress- und Sexualhormone stark. Daraus schließen Forscher, dass der Schlaf auch für die lebenserhaltende Regulation des Hormonhaushaltes notwendig ist. Unter anderem werden Gewebe repariert und Energievorräte aufgefrischt.

Der Schlaf ist ein in prähistorischen Zeiten entstandener Urinstinkt, der das Überleben sicherte.

Biologische Rhythmen

Wir schlafen, weil ein angeborener Instinkt uns dies seit Urzeiten diktiert. Das erklärt sich dadurch, dass es im Laufe der Evolution allen Lebewesen einen Überlebensvorteil brachte, wenn sie regelmäßig schliefen. Außerdem ist die Nacht dazu da, Energie zu sparen. Der Mensch ist ohnehin nicht auf die Dunkelheit eingerichtet. Wachen und Schlafen gelten demnach als fester Bestandteil des ständigen Wechsels von hell und dunkel, dem auch die meisten Tiere unterworfen sind.

Die innere Uhr

Hätten Sie gewusst, dass Sie ein Drittel Ihres Lebens verschlafen?

Der Mensch schläft fast 3000 von insgesamt 8760 Stunden des Jahres. Gegen dieses Erbe der Natur helfen weder Aufputschmittel noch das härteste Sträuben, denn wir werden von einer inneren Uhr zum Schlaf gezwungen. Das Ticken dieses Zeitmessers kommt aus dem Zwischenhirn, wo alle Fäden von Hormon- und Nervensystem zusammenlaufen. Dort liegen zwei tränenförmige Zellhaufen, die so winzig wie Stecknadelköpfe sind. Unser biologischer Zeitmesser ist für Körpertemperatur und Verdauung genauso wie für Wachen und Schlaf verantwortlich. Sein Taktgeber ist das Tageslicht. Er passt sich den äußeren Gegebenheiten wie Hell und Dunkel an. An den düsteren Wintertagen schlafen wir beispielsweise länger als im Sommer.

Gerät die natürliche Abstimmung wie bei Langstreckenflügen oder durch Schichtarbeit aus dem Lot, bekommt der Mensch Probleme. Krankheiten schleichen sich ein, das Unfallrisiko steigt dramatisch an, und unsere Geisteskraft lässt nach.

Jetlag-Syndrom nennt man die Beschwerden, die sich nach Langstreckenflügen aufgrund der Zeitumstellung einstellen.

Ratten, denen der innere Schrittmacher operativ entfernt wurde, waren rund um die Uhr schläfrig und taumelig. Daraus folgern Wissenschaftler, dass der Mensch ohne seine ständig tickende Uhr zu keiner vernünftigen Leistung imstande wäre.

VERSUCHE MIT FRUCHTFLIEGEN

Ein Experiment mit der Fruchtfliege Drosophila melanogaster belegt, wie wichtig es ist, nach dem Rhythmus seiner inneren Uhr zu leben. Einige Fruchtfliegen wurden einem 21- oder 27-Stunden-Rhythmus ausgesetzt. Eine Vergleichsgruppe lebte weiterhin in einer 24-Stunden-Periode. Die aus dem Tagestakt gekommenen Tiere starben früher.

Der Tagesrhythmus

Der Zeitpunkt der größten Müdigkeit tritt nachts zwischen drei und vier Uhr auf. Dann erreichen Körpertemperatur und Blutdruck ihren niedrigsten Stand. Dies ist ein kritischer Moment, den Schwerkranke oftmals nicht überleben. Sterberate und Schmerzempfinden sind deshalb am höchsten. Die Leistungsfähigkeit sinkt auf den absoluten Tiefpunkt. Neben dem körperlichen Tief erleben wir meist gleichzeitig ein seelisches. Wer zu diesen frühen Morgenstunden ab und zu wach liegt, hat sicherlich schon die Erfahrung gemacht, dass die Gedanken pessimistischer als sonst sind. Bei den meisten Menschen ist die innere Uhr zwischen 22 und 6 Uhr auf Schlafbereitschaft gestellt. Aber auch tagsüber fährt der Taktgeber im Hirn die Leistungsfähigkeit zurück. Etwa alle vier Stunden folgt ein Tiefpunkt, der durch die Schwankungen der Körpertemperatur verursacht wird. Deshalb gehören tagsüber auch ein oder mehrere kleine Nickerchen zu einem ausgewogenen Schlafpensum.Wie die innere Uhr in unserem Hirn arbeitet, ist im Detail noch nicht erforscht. Doch fest steht: Diese Uhr »tickt«, wenn sie nicht durch einen Wecker oder Tageslicht gestört wird, im 25-Stunden-Rhythmus.

Die biologisch eingebaute »Not-Stunde«

Warum sie gegenüber dem realen Tagestakt von 24 Stunden um eine Stunde abweicht, hat man noch nicht eindeutig belegen können. Bei Versuchspersonen, die vom Tageslicht abgeschirmt mehrere Wochen in Bunkern lebten, pendelte sich übrigens auch ohne Hell und Dunkel ein gleichmäßiger Schlaf-Wach-Rhythmus ein. Was kaum jemand erwartet hatte: Auch dieser Rhythmus dauerte 25 Stunden.

Schlafforscher vermuten, dass der 25-Stunden-Rhythmus eine Sicherheitsvorkehrung ist, denn auf diese Weise können wir notfalls problemlos eine Stunde länger wach bleiben.

Selbst ein einzelliger Kleinstorganismus in den finsteren Tiefen des Meeres lebt einen 24-Stunden-Rhythmus und folgt damit der Geschwindigkeit der Erdrotation.

Unser Einfluss auf die innere Uhr

Der Schlaf-Wach-Rhythmus passt sich unseren Wünschen durchaus ein wenig an. Wer beispielsweise jahrelang gewohnt ist, gegen 21 Uhr einzuschlafen, braucht Wochen, um dauerhaft erst gegen Mitternacht müde zu werden. Manchen gelingt diese Umstellung auch nie. Die Macht der Gewohnheit ist einfach zu groß.

Trotzdem lässt sich die innere Uhr durch Willenskraft und äußere Störungen zu einem gewissen Grad beeinflussen. Zusätzlich wird sie von anderen Faktoren wie Beruf, sozialen Kontakten oder Essenszeiten gesteuert. Wenn alles gut aufeinander abgestimmt ist, fühlt sich der Mensch wohl in seiner Haut. Gesünder ist es in jedem Fall, die Flexibilität unserer biologischen Mitgift nicht überzustrapazieren.

Die Macht der Gewohnheit ist groß: Kinder erlernen ihre Schlafgewohnheiten aus dem Verhalten der Eltern und deren Erziehung.

Anstatt nach Möglichkeiten zu suchen, den körpereigenen Takt zu überlisten, sollte man sich besser wieder auf die Bedürfnisse seines Körpers besinnen. Oft machen wir den Tag zur Nacht, schlafen zur falschen Zeit oder zu wenig, weil die Arbeit nicht enden will oder der Krimi am Abend verlockender als das Bett ist. Leider widerspricht dieses Verhalten den eigentlichen Bedürfnissen unseres Körpers oft erheblich.

Der Versuch, den Menschen wie eine Maschine ein- und auszuschalten, ist zum Scheitern verurteilt.

Überfordert und verzweifelt versucht der Mensch seine Leistungskraft mit Medikamenten wie eine Maschine an- und auszuschalten. Doch das hält der Körper auf Dauer nicht aus. Wir zahlen den größten Tribut, nämlich den Verlust unserer Gesundheit, an die Forderungen des Hightechzeitalters.

KULTUR UND SCHLAFVERHALTEN

Viele Völker haben wegen besonderer Lebensumstände oder aus kulturellen und klimatischen Gründen einen anderen Schlaf-Wach-Rhythmus als wir. Drei Beispiele verdeutlichen das:
Die Menschen in den Mittelmeerländern halten mittags eine Siesta und sind dafür nachts länger aktiv.
Indios in Feuerland verteilen ihren Schlaf beliebig über 24 Stunden. Sie können jederzeit frisch und munter aufwachen und ebenso schnell in tiefen Schlaf versinken.
Auch die Temiar in Malaysia schlafen zu völlig verschiedenen Zeiten, und das nur insgesamt vier bis sechs Stunden täglich.

In jedem Alter schläft man anders

Unser Schlafverhalten verändert sich von der Geburt bis zum hohen Lebensalter ganz enorm.

»Schlafen wie ein Baby«, lautet der Wunsch vieler Erwachsener. Denn die kleinen Sprösslinge schlummern meist ruhig und friedlich, ohne jegliche Anzeichen von Schlafstörungen. Leider lässt sich die biologische Uhr nicht mehr zurückdrehen. Mit zunehmendem Alter braucht der Mensch weniger Schlaf, und es treten mehr Störungen in der nächtlichen Ruhepause auf. Säuglinge schlummern rund 16 Stunden pro Tag, Zweijährige immerhin noch 13 bis 14 Stunden. Fünfjährige verlangen nach 12 Stunden und Neunjährige brauchen neuneinhalb Stunden Nachtruhe. Jugendliche von 13 bis 21 Jahren schlafen acht Stunden, genauso lang wie manche Erwachsene. Im Durchschnitt schläft der Erwachsene aber siebeneinhalb Stunden. Die meisten Senioren brauchen dagegen nur noch fünf Stunden Nachtschlaf.

Schlafphasen bei Babys

Ab dem sechsten und siebten Schwangerschaftsmonat kann die schwangere Frau spüren, ob das Ungeborene wacht oder schläft.

Bis der Säugling sechs Monate alt ist, schläft er rund 16 Stunden täglich und vornehmlich im leichten REM-Schlaf. Sein Schlaf- und Wachrhythmus richtet sich noch nicht nach der gewohnten Zweiteilung in Tag und Nacht. Das Baby schläft vielmehr in mehreren Phasen, die sich in etwa gleichmäßig über den ganzen Tag verteilen.

Unterbrochen wird der Schlummer etwa alle vier Stunden, weil das Kleine Hunger verspürt. Das ändert sich nach etwa drei bis vier Monaten. Dann bildet sich langsam ein Tag-Nacht-Rhythmus heraus.

SCHLAFRHYTHMUS VON SÄUGLINGEN

Man hat herausgefunden, dass Säuglinge entweder sofort oder innerhalb der ersten 20 Minuten des Schlafes in die REM-Phase hineingleiten. Auch das spontane Erwachen erfolgt aus der REM-Phase. Der Traumanteil des Neugeborenen beträgt etwa 50 Prozent vom Gesamtschlaf. Die Dauer der Schlafzyklen geben Schlafforscher bei Kleinkindern mit 50 bis 60 Minuten an. Sie sind somit etwa ein Drittel kürzer als beim Erwachsenen.

Schlafdauer in späteren Lebensjahren

Die durchschnittlich benötigte Schlafmenge nimmt pro Jahr um etwa eine Stunde ab. Kinder im Alter von fünf Jahren verbringen bereits nur noch etwa zwölf Stunden im Bett. Dabei halten sie allerdings meistens zusätzlich ein kleines Nickerchen am Mittag. Bis zum neunten Lebensjahr verkürzt sich die Schlafdauer bei den meisten Kindern erneut auf etwa neuneinhalb Stunden.

Erst zwischen dem zehnten und zwanzigsten Lebensjahr pendelt sie sich wie beim Erwachsenen auf etwa acht bis siebeneinhalb Stunden ein. Und bereits ab dem dritten Lebensjahrzehnt schleichen sich die ersten Veränderungen in unser Schlafverhalten ein. Die Nachtruhe wird allmählich immer flacher, häufiger unterbrochen und etwas kürzer. Meist reichen jetzt sieben Stunden aus.

Das nächtliche Schlafquantum wird mit dem Alter immer geringer. Auch die Schlaftiefe nimmt ab.

Mit zunehmendem Alter nimmt die Schlafdauer immer mehr ab. Das nächtliche Pensum verkürzt sich auf fünf bis sechs Stunden. Das gilt insbesondere für Menschen, die älter als 65 Jahre sind. Zudem ist der Tiefschlaf anteilig wesentlich geringer als in jüngeren Jahren. Die tiefste Schlafphase (Phase 4) verschwindet völlig.

Altersschlaf

Senioren klagen häufig über längere Einschlafzeiten, einen leichteren Schlaf, häufige Wachphasen in der Nacht und zu frühes Erwachen am Morgen. Da ältere Menschen öfter zwischendurch ein kurzes Schläfchen einlegen, kommen sie dennoch auf etwa acht, manchmal sogar noch mehr Stunden pro Tag.

Es besteht daher eigentlich kein Grund zur Sorge über die veränderte Schlafstruktur: Sie ist Ausdruck einer ganz normalen Entwicklung. Man darf auch nicht vergessen, dass bei einem Rentner oft die körperlichen und geistigen Belastungen abnehmen, so dass der Organismus ganz einfach weniger Tiefschlaf benötigt, um sich zu erholen.

Im Alter legt man des Öfteren ein kleines Nickerchen ein. Dies verringert den Nachtschlaf zusätzlich.

Wie viel Schlaf braucht der Mensch?

Da der Mensch kein Fließbandprodukt ist, gibt es auch keine Normschlafdauer.

»Vier Stunden für den Mann, fünf für die Frau, sechs für Idioten«, hat der radikale Kurzschläfer Napoleon einmal auf die Frage nach der notwendigen Schlafdauer geantwortet. Da hat sich der berühmte Feldherr allerdings ziemlich geirrt. In erster Linie nämlich hängt das optimale Pensum von unserem individuellen Bedürfnis ab.

Durchschnittlich schlafen die meisten Erwachsenen zwischen sechseinhalb und acht Stunden. Nur ein halbes Prozent schlummern weniger als fünf und knapp zwei Prozent mehr als zehn Stunden pro Nacht. Übrigens benötigen Frauen meist etwas mehr Schlaf als Männer. Die Regel vom achtstündigen »Normalschlaf« gilt allenfalls als Richtwert, denn jeder muss seine optimale Schlafdauer selbst herausfinden.

Es gibt keine Schlafnorm. Der eine braucht eben mehr, der andere weniger Schlaf.

Auf keinen Fall sollte man sich am frühen Morgen krampfhaft darum bemühen, wieder einzuschlafen, um so auf acht Stunden Nachtschlaf zu kommen. Nach solchen, meist sowieso erfolglosen Versuchen fühlt man sich den Rest des Tages gerädert und erschlagen. Umgekehrt sollten Menschen, die mehr als acht Stunden Nachtschlaf für ihr Wohlbefinden benötigen, ihn sich auch gönnen. Entscheidend ist nicht die Dauer, sondern die Qualität und das individuelle Verlangen nach Schlaf. Wer sich mit fünf Stunden Schlummerzeit seit Jahren fit und leistungsfähig fühlt, der hat demzufolge keinen Grund, diese Gewohnheit zu verändern. Genau dasselbe gilt übrigens auch für Langschläfer, die darauf schwören, mindestens zehn Stunden im Bett zu verbringen.

Kann man versäumten Schlaf nachholen?

Wer eine schlaflose Nacht vor sich hat, kann sie durch ein ausgiebiges Nickerchen besser überstehen. Mehr ist als »vorbeugende« Maßnahme nicht möglich. Was aber passiert in unserem

Körper, wenn wir eine oder mehrere Nächte zum Tage gemacht haben? Ganz einfach: Der Körper wird sich in den folgenden Nächten die versäumte Ruhe durch einen längeren Tiefschlaf zurückholen. Diese gesunde Reaktion des Organismus kann man auch bei Menschen beobachten, die 48 Stunden lang bei einem Katastropheneinsatz eingesetzt waren und trotz völligen Schlafentzuges die ganze Zeit über höchst konzentriert arbeiteten.

Der Organismus holt in einem langen und sehr tiefen Schlaf das Versäumte wieder nach.

Warum wir uns morgens erschlagen fühlen

Wie lange es dauert, bis man morgens munter wird, hängt von der jeweiligen Schlafphase ab, in der man sich beim Aufwachen befindet. Klingelt der Wecker in der Tiefschlafphase, dauert es am längsten, bis die Schlaftrunkenheit überwunden ist. Wird man dagegen aus den REM-Träumen gerissen, ist man in kurzer Zeit hellwach.
Ein Tipp: Jede Schlafphase dauert etwa 90 Minuten und endet mit dem REM-Schlaf. Nach siebeneinhalb Stunden beendet man gerade seinen Traumschlaf und versinkt erneut in den Tiefschlaf. Stellen Sie Ihren Wecker einfach so, dass er Sie in der REM-Phase weckt.

Notwendige nächtliche Reparaturarbeiten

Damit wir den Morgen gut erholt begrüßen können, benötigt unser Körper eine gewisse Zeitspanne für die Regeneration. Zum Bestücken des Hormonhaushaltes braucht unser Organismus beispielsweise bis zu acht Stunden Schlaf. Das gerade noch verträgliche Minimum für die lebensnotwendigen Arbeiten liegt, nach Ansicht der Schlafforscher, bei etwa fünf Stunden.
Aber auch hier bestätigen Ausnahmen die Regel. Thomas Edison, der Erfinder der Glühbirne, machte es sich zur Auflage, nachts nicht mehr als drei Stunden zu schlafen. Unter der Treppe seines Laboratoriums schob er allerdings immer wieder klei-

nere Nickerchen ein. Anders als der umtriebige Schlafmuffel Edison kam der Langschläfer Albert Einstein kaum aus den Federn. Das Genie verbrachte bis zu zwölf Stunden im Bett.

Lang- und Kurzschläfer

Lassen Sie sich als Langschläfer kein schlechtes Gewissen einreden. Mit Faulheit hat Ihr Verhalten nichts zu tun.

Einsteins Murmeltiergewohnheiten sollten allen Langschläfern als Trost gegenüber den Vorurteilen unserer Umwelt dienen. Denn »Faulpelz« oder »Nichtstuer« sind noch die harmloseren Schimpfwörter, mit denen man als Langschläfer konfrontiert wird. Die unterschiedlichen Bedürfnisse von Kurz- und Langschläfer haben aber mit Faulheit nichts zu tun. Sie sind vielmehr das Ergebnis des Zusammenspiels genetischer Anlagen und persönlicher Entwicklung. Diese innere Eichung begleitet die Menschen ein Leben lang.

Doch während der Frühaufsteher in unserer Leistungsgesellschaft keinerlei Probleme hat, eckt der Langschläfer im Berufsleben oft an. Er wird in der Regel gezwungen, sich entsprechend anzupassen, was bei manchen sogar zu Schlafstörungen führen kann. Am leichtesten tun sich Langschläfer in einem Beruf, der gleitende Arbeitszeiten erlaubt. Damit können sie ein zu starkes Abweichen von ihrer Veranlagung vermeiden.

Langfristiger Schlafexzess oder -mangel verkürzt die Lebenserwartung.

Sicher ist, dass aus einem geborenen Langschläfer nie ein Kurzschläfer werden kann. Genauso wenig funktioniert das andersherum. Manchmal ist es aber möglich, einen Lang- in einen Normalschläfer zu verwandeln. Wer täglich mehr als zehn Stunden schläft, könnte sich mühsam mithilfe eines Weckers ein bis zwei Stunden Schlummer abtrainieren. Letztendlich sollte aber jeder soviel schlafen, bis er sich rundum wohl fühlt.

Dabei gilt nur eine Regel: Schlafexzess ist ebenso schädlich wie Schlafmangel. In einer Studie stellte man fest, dass Menschen, die ständig mehr als zehn Stunden schlafen, ebenso wie die radikalen Kurzschläfer, die weniger als vier Stunden schlafen, eine kürzere Lebenserwartung als Normalschläfer haben. Bei ihnen ist höchstwahrscheinlich die innere Uhr aus dem Takt geraten. Aber über allen Statistiken und Untersuchungsergebnissen dürfen wir nicht vergessen, dass im Einzelfall das Baby bis zum Senior ganz individuellen Schlafmustern folgen kann.

WIE SICH LANG- VON KURZSCHLÄFERN UNTERSCHEIDEN

Als Langschläfer gelten Menschen, die mehr als neun Stunden im Bett verbringen. Kurzschläfer hingegen benötigen weniger als sechs Stunden Schlaf. In einer Untersuchung stellte sich heraus, dass Kurzschläfer effektiver schlafen als Langschläfer. Sie bekommen nämlich trotz kürzerer Schlafdauer gleich viel Tiefschlaf. Doch nicht nur die Schlafqualität unterscheidet sich bei Kurz- und Langschläfern, behauptet der Psychiater Ernest Hartmann. Er stellte fest, dass sich hinter der unterschiedlichen Dauer der Nachtruhe auch verschiedene Charaktere verbergen. Sein Ergebnis: Kurzschläfer sind unter anderem extrovertierter, erfolgreicher, energischer, geselliger, psychisch stabiler und angepasster. Langschläfer sind dagegen unter anderem nachdenklicher, introvertierter, kreativer, weniger konformistisch, aber eher ängstlich und schüchtern. Andere Schlafforscher meinen dagegen, dass der Schlaf mit dem Charakter genauso wenig zu tun hat wie mit unserer Augenfarbe.

Lang- und Kurzschläfer verbringen nicht nur eine unterschiedlich lange Zeit im Bett, sie haben auch verschiedene Charaktere – behauptet die Schlafforschung.

Einige Forscher sind der Meinung, dass Nachtmenschen ihre Veranlagung bereits durch ihre Geburtsstunde in die Wiege gelegt bekommen haben.

Von Abend- und Morgenmenschen

Ob die Behauptung stimmt, dass Kopfarbeiter eher Abendmenschen und Handarbeiter eher Morgenmenschen sind, kann jeder für sich selbst entscheiden.

Hat Morgenstund immer Gold im Mund? Für den Morgenmenschen gilt dieses Sprichwort auf jeden Fall. Für die meisten Abendmenschen dagegen haftet dieser Stunde eher etwas Bleiernes an. Die Vorliebe für die späten Abend- oder die frühen Morgenstunden wird übrigens weitgehend durch unser Erbgut bestimmt. Schon die Geburtsstunde soll darauf Einfluss haben: Wer nicht gleich das Licht des Tages erblickte, als er zur Welt kam, sondern von nächtlicher Dunkelheit umgeben war, bekam den Hang zum Abendmenschen sozusagen in die Wiege gelegt.

Der Morgenmensch

Früh am Morgen ist der Morgenmensch bereits bester Laune und beginnt lustig pfeifend den Tag. Am Vormittag fühlt er sich am wohlsten. In dieser Zeit fühlt er sich fit, unternehmungslustig und leistungsfähig. Seine Körpertemperatur ist schnell auf dem normalen, tagesüblichen Wert, und er hat meist einen normalen oder leicht erhöhten Blutdruck. Jedoch bereits am Nachmittag lässt die Konzentration der Morgenmenschen nach, und sie gehen am liebsten schon um 21 Uhr zu Bett. Morgenmenschen wird allgemein eine höhere körperliche Leistungsfähigkeit, gleichzeitig Wortkargheit und Zurückgezogenheit nachgesagt. Die häufigsten Berufsbilder: Werktätige, Handwerker, Bauern.

Der Abendmensch

Der Abendmensch ist dagegen ein absoluter Morgenmuffel. Er schläft gerne lange und kommt erst gegen Mittag so richtig auf Touren. Kein Wunder, denn seine Körpertemperatur steigt so langsam an, dass er sich am Vormittag noch meist wie gelähmt fühlt. Auffallend oft haben Abendmenschen auch einen niedrigen Blutdruck. Sie sollen viel Fantasie und Einfühlungsvermögen, aber ebenso oft ein angeknackstes Selbstbewusstsein besitzen. Die häufigsten Berufsbilder: Angestellte, Beamte, geistig Schaffende.

Am Abend läuft der Abendmensch zu Höchstleistungen auf und kann bis in die Nacht hinein arbeiten und kreativ sein.

Die nächtliche Körpersprache

»Sag mir, wie du schläfst, und ich sage dir, wer du bist«, lautet das Motto mancher Psychoanalytiker. Sie versuchen die nächtlichen Positionen unseres Schlafes zu deuten und daraus Rückschlüsse auf unseren Charakter und unsere Persönlichkeit zu ziehen. »Der König schläft auf dem Rücken, der Weise auf der Seite und der Reiche auf dem Bauch«, heißt ein gerne zitiertes Sprichwort. Derlei Interpretationen sind unter Schlafforschern jedoch umstritten und sollten deshalb nicht zu ernst genommen werden.
Gegen Ende der 70er-Jahre richtete sich die Aufmerksamkeit der Forscher auf die Beobachtung der verschiedenen Schlafpositionen. Zunächst standen die körperlichen Vorgänge im Vordergrund.

Schlafhaltungen und -bewegungen

Je häufiger jemand seine Position ändert, desto flacher ist sein Schlaf.

Tatsache ist, dass es keine Lage gibt, die sich als besonders günstig oder schlaffördernd herausgestellt hätte. Die nächtlichen Bewegungen hängen nach Auffassung einiger Wissenschaftler vielmehr mit der Schlaftiefe und -qualität zusammen. In den frühen Morgenstunden finden die häufigsten Positionswechsel statt. Durch nächtliche Überwachungen mit Kameras stellten die Forscher fest, dass ein Schläfer eine bestimmte Haltung selten länger als zwei Stunden und meistens nicht kürzer als eine Stunde beibehält. Die Bewegungen im Schlaf sind ganz natürlich und für den Menschen auch überaus wichtig. Mit jeder Lageveränderung entlastet man die Muskeln, die zuvor angespannt waren.

Stellungswechsel

Es wäre erwiesenermaßen ziemlich schädlich, die ganze Nacht über in einer Stellung zu verharren. Der Druck würde ständig auf denselben Stellen lasten und dadurch die Durchblutung stören. Kranke Menschen, die sich nicht selber drehen können, müssen aus diesem Grund mehrmals in einer Nacht gewendet werden. Sonst entstehen nach kurzer Zeit schlimme Wunden am Körper. Der normale und gesunde Schläfer wechselt jede Nacht mindestens achtmal seine Position. Das geschieht entweder vor oder nach dem Tiefschlaf und vor oder nach den REM-Schlafphasen.

Bei Paaren kann man beobachten, dass sie sich oft synchron miteinander bewegen und dann in gleichen Schlafpositionen verbleiben.

Bewegung und Hirn im Gleichtakt

Da die Körperbewegungen immer in den Übergangsphasen stattfinden, deutet man dies auch als eine Zustandsänderung in unserem Gehirn. Schlafende Pärchen, die man fotografierte, führten eine Art Verfolgungsjagd vor: Wenn sich der eine auf die andere Seite dreht, lag der andere wenig später nah angeschmiegt hinter ihm. Dieses Verhalten hängt unter anderem damit zusammen, dass die meisten Paare gemeinsam zu Bett gehen. Folglich schlafen sie etwa um die gleiche Uhrzeit ein und befinden sich dadurch im Verlauf der ganzen Nacht zum selben Zeitpunkt in den gleichen Schlafphasen. Sie träumen sozusagen zusammen.

Die synchrone Schlafhaltung bei Paaren hat meist einen banalen Grund: Sie sind um die gleiche Zeit ins Bett gegangen.

Bei zerstrittenen Paaren wirken sich die Gefühle entsprechend auf ihre Schlafpositionen aus: Sie drehen sich gegenseitig den Rücken zu und zeigen sich sozusagen die kalte Schulter.

Schlaflage und Seelenlage

Da sich der Mensch im Schlaf entspannt und alleine sein Unterbewusstsein regiert, verhält er sich natürlicher und unverfälschter als sonst. Deshalb glauben einige Forscher, dass man aus den nächtlichen Positionen die seelische Verfassung erkennen kann. Bei den Beobachtungen kamen immer wieder vier Grundhaltungen zum Vorschein:

Schlafforscher haben bei ihren Untersuchungen vier Grundhaltungen beobachtet: Rückenlage, Bauchlage, Seitenlage mit angezogenen Beinen und entspannte Seitenlage.

→ Auf dem Rücken: Diese Menschen sind selbstsicher, mutig und stark. Diese Position wird als Zeichen für ein großes Urvertrauen gewertet.

→ Auf dem Bauch: Diese Position wird mit Verletzlichkeit und Unsicherheit in Verbindung gebracht. Angeblich liebt dieser Schläfer keine Überraschungen und will im Leben immer alles unter Kontrolle haben.

→ Auf der Seite mit angezogenen Beinen: Diese Menschen schützen sich in der so genannten Embryonal- oder Fötusstellung vor der Welt. Sie haben ihre Persönlichkeit noch nicht voll entfaltet.

→ Entspannt auf der Seite: Wer in der gleichen Lage seine Arme und Beine locker angewinkelt gestreckt hat, der ist ausgewogen und selbstsicher.

Gesünder und glücklicher durch Schlaf

Gesundheit ist unser wichtigstes Gut, und der Schlaf ist damit untrennbar verbunden. Das war bereits den alten Griechen bekannt. Dort pflegten die Priester in eigens dafür errichteten Schlaftempeln den Tiefschlaf zur Heilung und Lebensverlängerung. Der erholsame Schlummer stand im Mittelpunkt ihres Heilkults.

Schon im alten Griechenland war das Zusammenspiel von Schlaf und Gesundheit bekannt.

Zusammenhänge zwischen Schlaf und Wohlbefinden

Erholsamer und tiefer Schlaf schützt, wie man heute weiß, vor Erkrankungen der Herzkranzgefäße, die zur Todesursache Nummer eins in den Industrienationen zählen. Durch ein über längere Zeit gestörtes Schlafverhalten werden Bluthochdruck, Erschöpfungszustände, vorzeitige Alterung, geistiger Abbau und zahlreiche andere Gesundheitsstörungen hervorgerufen.

Wer ausgiebig und tief schläft, tut etwas Gutes für seine Gesundheit. Diese so simpel klingende Tatsache ignorieren aber viele Menschen, weil sie glauben, durch den Schlaf Zeit zu verlieren.

Mediziner schätzen, dass Schichtarbeit ungefähr soviel Schaden am Herzen anrichtet wie der tägliche Konsum einer Packung Zigaretten. Die häufige Änderung des Tagesrhythmus führt außerdem zu einer Beeinträchtigung von Wohlbefinden und Leistungsfähigkeit.

Schlafen ist ebenso lebensnotwendig wie Atmen. Diese Erkenntnis dämmerte auch bereits unseren Großeltern, wenn sie uns am Krankenbett geraten haben: »Schlafe dich erst einmal gesund«. Liegen wir mit Fieber im Bett, produziert unser Immunsystem Substanzen, die unseren Schlaf fördern.

Schlaf beugt Krankheiten vor

Forscher haben herausgefunden, dass zwischen unseren drei wichtigsten Instinkten, nämlich Schlaf-, Sexual- und Nahrungsinstinkt, eine Verknüpfung besteht. Alle drei werden vom Hypothalamus, gewissermaßen dem Regierungssitz unseres Gehirns, gesteuert. Deshalb wirkt sich eine Störung in einem dieser Bereiche immer auch auf die anderen beiden aus. Mittlerweile ist beispielsweise bekannt, dass häufiger Schlafmangel über kurz oder lang zu sexueller Impotenz, Mager- oder Fresssucht führen kann.

Ein ausgeruhter Körper gleicht einem Schutzpanzer: Feindliche Einflüsse prallen daran ab.

Wenn unser Körper streikt, spielt dabei oftmals auch die Seele eine wichtige Rolle. Denn nur wer seinem Körper Ruhe gönnt, kann ausgeglichen sein. Wer gut schläft, ist erwiesenermaßen besser gelaunt, ausgeglichener und strahlt eine größere innere Harmonie aus, die sich wiederum positiv auf den ganzen Organismus auswirkt.

Sind wir aber über einen längeren Zeitraum durch die Arbeit oder andere Einflüsse großem Stress ausgesetzt, wird sich unser Körper bald zur Wehr setzen. Er wird krank und leistungsschwach. Dadurch zwingt uns der Organismus die Ruhe auf, die wir ihm nicht gönnen wollten. Er rächt sich mit Krankheiten und Störungen, weil das Immunsystem den Schlaf benötigt, um sich zu regenerieren. Nach langer Schlaflosigkeit reagiert der Körper unter anderem mit Muskelzittern und erhöhter Schmerzempfindlichkeit.

Unser Körper wird sich zur Wehr setzen, wenn wir sein Schlafbedürfnis nicht befriedigen.

Miese Stimmung bei Schlafentzug

Noch heftiger aber wehren sich Geist und Seele gegen die fehlende Ruhe. Die Stimmung von Menschen, die nur wenige Tage und Nächte durchwachen, verändert sich ungewöhnlich stark.

Leiden Sie unter Halluzinationen, reagieren gereizter, ungeduldiger und misstrauischer als ausgeruhte Menschen. Außerdem trifft man unter Übernächtigten häufiger auf seelische Krankheiten wie Depressionen und Angststörungen. Die Zahl der Magengeschwüre ist bei ihnen im Vergleich zum statistischen Durchschnitt um das Achtfache erhöht.

Schlaflosigkeit – sie kann sowohl die Folge von als auch die Ursache für Depressionen und Angstzustände sein.

Laborversuche haben ergeben, dass ein Mensch, der eine Woche lang kein Auge zudrückt, dem Wahnsinn nahe sein kann. Wenn man sich nächtelang schlaflos im Bett herumwälzt, türmen sich kleine Sorgen zur mächtigen Bedrohung auf, Schatten verwandeln sich in Monster, die Stille wird unerträglich. Wir fühlen uns verloren und schrecklich einsam. Denn während wir alleine in die Finsternis unserer Gedankenwelt starren, schlummert um uns herum in aller Seelenruhe die Welt.

Überreaktion bei Schlafmangel

Das Gleichgewicht der Neurotransmitter – Botenstoffe, die im Gehirn tätig sind – ist für einen gesunden Schlaf wichtig.

»Der Schlaf ist der Balsam kranker Seelen«, wusste schon Shakespeare. Als Grund für die heftigen Reaktionen der Psyche bei Schlafentzug vermuten Wissenschaftler, dass das normalerweise fein ausbalancierte und der inneren Uhr folgende Gleichgewicht von Botenstoffen (Neurotransmittern) im Gehirn ins Wanken gerät.

Dieses Missverhältnis bewirkt, dass dabei der flache und leichte Traumschlaf überwiegt. Wenn sich sein Anteil auf Kosten der anderen Schlafphasen erhöht, verschlechtert sich die Stimmung. Man darf allerdings aus solchen Störungen nicht zwangsläufig ableiten, dass man umso gesünder ist, je mehr man schläft. Denn das hängt nicht so sehr mit der Dauer, sondern vielmehr mit der Qualität des Schlafes zusammen. Eine einzige Nacht erholsamen und tiefen Schlafes bringt unser Seelenleben wieder ins Lot, es geht uns deutlich besser. Der Schlaf schirmt uns sozusagen vor der Außenwelt ab, hält Sorgen und Irritationen von uns fern.

Schlaf ist ein Refugium der Seele, ein Ort der Stille. Endlich haben wir Zeit, verschiedene Eindrücke des Tages und all das Unbewusste, das uns bewegt, zu verarbeiten und zu vergessen. Welche Substanzen in unserem Körper für die Erholung von Geist und Körper sorgen, ist aber im Detail noch nicht bekannt. Möglicherweise spielt das verjüngend wirkende Elixier der Wachstumshormone eine große Rolle. Es wird bei jedem Übergang vom Wachen zum Schlafen im Körper freigesetzt.

Vielleicht ist aber auch das Hormon Kortisol hauptverantwortlich, das unseren Körper beim Aufwachen wie keine andere Substanz stimuliert. Es erhöht die Merkfähigkeit, stellt neue Energie zur Verfügung und bringt den Körper schließlich in den Leistungsgang.

Man vermutet in der Schlafforschung, dass das Hormon Kortisol eine wichtige Rolle beim Aufwachen spielt.

WAS IST HEILSCHLAF?

Mit dem Begriff Heilschlaf bezeichnet man keinen natürlichen Schlaf, sondern einen künstlich herbeigeführten Zustand, eine Art Dauernarkose, bei der der gesamte menschliche Organismus mittels starker Medikamente auf Sparflamme heruntergeschaltet wird. Die Hirnwellen verlaufen hierbei jedoch anders als beim normalen Schlaf: Der natürliche Rhythmus von je 90 Minuten Traum- und Tiefschlaf verändert sich.

Der Heilschlaf kann in erheblichem Maße dazu beitragen, den kranken Organimus zu entlasten. Meistens setzt man diese Methode bei Schwerkranken ein, die beispielsweise unter extremen Erschöpfungszuständen leiden.

Mehr Erfolg durch Schlaf

Träumer haben mehr vom Leben. Denn der Zugang zum Unterbewusstsein ist die Wurzel für jede Form der Kreativität.

»Ein nicht gedeuteter Traum ist wie ein ungelesener Brief«, lautet ein jüdisches Sprichwort. Tatsächlich bildet der Traum mit seinen zahlreichen Bildern und Botschaften das kreative Potenzial unseres Gehirns. In den nächtlichen Inszenierungen steigern wir unsere schöpferischen Fähigkeiten, lösen Probleme, überwinden Ängste und bewältigen Lebenskrisen.

Sprach der Begründer der Psychoanalyse, Sigmund Freud, vom Traum noch bedächtig als »Königsweg zum Unbewussten«, halten moderne Forscher die Bilder im Kopf längst für den »Highway zum Bewusstsein«. In jedem Fall stärkt das Träumen die Gedächtnisleistung.

Arbeit mit den Träumen

Da Träume nicht der Kontrolle des Wachbewusstseins unterliegen, erkennt man in ihnen mitunter eigene Fehler, Schwächen und Stärken, die im richtigen Leben oftmals gerne verdrängt werden.

»Wer mit seinen Träumen arbeitet, kommt sich selbst auf die Schliche«, meinen einige Schlafforscher. Der Schläfer erkennt in den vielfältigen Traumszenen seine Lebensmuster.

Wer sich mit seinen Träumen auseinander setzt, ist aktiver und erfolgreicher als andere, die ihre Träume verdrängen.

Moderne Traumforscher sind heute wieder bei den Erfahrungen der alten Griechen angelangt. Diese suchten Äskulap, den Gott der Heilkunst, auf, um mit Hilfe eines Traums geheilt zu werden. Heute vergleichen einige Wissenschaftler den Prozess des Träumens sogar mit einer Psychotherapie. Ihnen ist klar, dass das Traumerlebnis mehr als ein chaotisches Gewitter unserer Nervenzellen ist. Dennoch sollte man nicht jeden Traum überbewerten. Denn teilweise spielen sich recht nichts sagende Szenen vor unserem geistigen Auge ab.

Untersuchungen haben ergeben, dass nur ein geringer Anteil unserer Träume bizarr und ungewöhnlich ist. Etwa 70 Prozent aller Träume handeln von Alltagssituationen. Während des REM-Schlafs schweift unser Geist im Reich der Fantasie und erlaubt uns die Befreiung von alltäglichen Zwängen. Der Geist ist nicht länger Gefangener alltäglicher Denkmuster. Durch den Schlaf erhält man Zutritt in eine andere Welt, nämlich das Unterbewusstsein.
Im Traum können wir neue Lösungen für Lebenskonflikte gefahrlos durchspielen. Die nächtlichen Fantasien sind weit mehr als simple Bilder- und Gedankenverknüpfungen. Unsere verschütteten kreativen Einfälle gelangen durch den Vorgang des Träumens mehr und mehr ins Bewusstsein. Man kann sich das bildlich so vorstellen, als ob die Ideen, großen Luftblasen gleich, aus der Tiefe eines Sees an die Oberfläche steigen.

Individuelle Bilderrätsel unserer Seele

Die Fantasie des Traumes ist eine außergewöhnlich reiche Quelle der Kreativität. Man muss nur wissen, wie man dieses Potenzial am besten nutzen kann. Hier folgen einige Tipps:

→ Rufen Sie sich den Traum nach dem Erwachen so genau wie möglich ins Gedächtnis, und halten Sie jedes Detail fest. Beachten Sie dabei Ihr Verhältnis zu anderen Menschen, zur Arbeit und Ihre Position zum eigenen Ich. Meist wird der Sinn der Traumbotschaft dabei schnell klar.

→ Es ist wissenschaftlich erwiesen, dass uns auch im Halbschlaf, der typisch für ein kurzes Nickerchen am Tag ist, viele Ideen einfallen. Der Mittagsschlaf ist also ein günstiger Zeitpunkt, um Intuition und Schöpfergeist zu wecken.

→ Die Bedeutung unserer Träume können wir nur selbst ergründen. Denn sie sind abhängig von unseren individuellen, häufig unbewussten Erfahrungen, Vorstellungen und Lebensumständen. Wichtige Hinweise geben unsere Gefühle, die einen

Viele Alternativen und Lösungen fallen uns nur im Traum ein, im wachen Zustand würden sie uns nie in den Sinn kommen.

Traum begleiten, und die Einfälle, die wir in der Erinnerung dazu haben. Wer im Schlaf beispielsweise zufrieden stirbt, muss nicht unbedingt todessehnsüchtig sein. Vielleicht hat er gerade einen schwierigen Lebensabschnitt abgeschlossen und fühlt sich jetzt erleichtert.

Träume liefern uns keine Patentrezepte, sondern Anstöße zum Nachdenken.

→ Ganz unvermutet können wir im Traum auf einfallsreiche und originelle Lösungen stoßen. Schlaf schafft aus Chaos oft Ordnung. Bedenken Sie aber, dass uns die Szenerien aus dem Kopf keine fertigen Rezepte liefern, sondern lediglich einen Anstoß geben. Sie helfen beim Nachdenken über das eigene Handeln und Erleben. Oft geben sie Hinweise auf zurückliegende Ereignisse, die uns noch belasten.

Die Träume bringen uns auf die Fährte unserer wahren Wünsche, Empfindungen und Ängste. Die nächtlichen Botschaften öffnen uns Tür und Tor zur noch schlummernden Kreativität. Was wir aber schließlich daraus machen, müssen wir im Wachzustand mit klarem Kopf entscheiden.

Unsere Träume offenbaren manchmal ein erstaunliches kreatives Potenzial. Allerdings ist es nicht immer einfach, die mitunter verschlüsselten Botschaften zu begreifen.

Probleme lösen im Schlaf

Seit tausenden von Jahren deuten die Menschen ihre Träume als Prophezeiungen, Warnungen oder Mutmacher. Die Bilder der Nacht galten als göttliche Mitteilungen. Auch Erfinder, Forscher und Künstler der Moderne berichten immer wieder von geistigen Höchstleistungen und rettenden Einfällen, die im Traum angeregt oder gar produziert werden. Dazu gehören wissenschaftliche Entdeckungen, Dichtungen oder Gemälde.

Um Probleme zu lösen, brauchen wir die Träume. Denn darin schlummert unser Einfallsreichtum. »Es gibt keine Schwierigkeiten, es gibt nur Lösungen«, besagt ein altes chinesisches Sprichwort. Der Traum bietet uns die Lösungen an, die wir oftmals nur noch richtig entschlüsseln müssen. Ein berühmtes Beispiel ist der Chemiker August Kekulé von Stradonitz. Er stieß durch einen Traum auf die Ringstruktur des Benzolmoleküls. Im Traum sah von Stradonitz eine Schlange, die sich in den Schwanz biss und ihn höhnisch anblickte.

Viele Wissenschaftler und Künstler nutzen ihre Träume als Inspirationsquelle für ihre Arbeit.

Viele Entdeckungen wurden im Schlaf gemacht

Ohne die kreative Kraft der Träume wäre die Welt um viele Entdeckungen ärmer. Es gäbe unter anderem keine Glühbirne von Edison, kein Penizillin von Fleming oder kein Atommodell von Bohr. Nachfolgend einige weitere Beispiele für Wissenschaftler und Künstler, die sich von ihren Träumen anregen ließen.

→ Graham Greene (1904–1991): Der Schriftsteller löste Schreibprobleme im Schlaf. »Wenn ein Hindernis unübersteigbar scheint, dann lese ich das Tageswerk vor dem Schlafengehen. Wenn ich aufwache, ist das Hindernis fast immer beseitigt: Die Lösung ist da und offensichtlich.«

→ William Blake (1757–1827): Der berühmte visionäre Maler und Dichter aus England bezeichnete die Träume als Quelle seiner Inspiration.

→ Elias Howe (1819–1867): Dem Erfinder der modernen Nähmaschine erschien nach jahrelangem vergeblichem Herumknobeln im Traum eine Horde mordlustiger Krieger. »Nähmaschine oder Tod« forderten sie – und ihre drohend erhobenen Speere hatten in der Spitze ein Loch. Das war des Rätsels Lösung. Eine Nähmaschinennadel braucht ein Loch an der Spitze!

→ Otto Loewi (1873–1961): Der Nobelpreisträger, der den Gehirnbotenstoff Acetylcholin als Neurotransmitter entdeckte, löste wissenschaftliche Fragen im Traum. Acetylcholin ist übrigens der Stoff, aus dem die Träume bestehen.

→ D. I. Mendelejew (1834–1907): Der russische Chemiker erkannte die Lösung seines Problems im Schlaf und stellte daraufhin das Periodische System der Elemente auf.

Warum Traumschlüssel passen

Falls Ihnen eine Traumlösung einmal nicht zusagen sollte, unternehmen Sie beim nächsten Schläfchen einfach einen neuen Versuch.

Manchmal sind wir im Wachzustand einfach nicht in der Lage, unsere Lösungsvorschläge richtig zu formulieren. Die Gedanken drehen sich im Kreis, der Funke will nicht überspringen. Häufig gelingt es uns erst durch den Traum, Zusammenhänge zu erkennen und unsere rettende Idee endlich auszudrücken. Es ist dabei ganz gleich, welche Probleme wir lösen wollen. Es kann sich um ein klärendes Gespräch mit der Ehefrau, die Lösung einer mathematischen Gleichung oder um die Entscheidung zur richtigen Berufswahl drehen.

Natürlich reicht es nicht aus, sich faul aufs Sofa zu legen und dabei auf den nächsten Traum zu warten. Wir müssen im Kopf die Vorarbeit leisten und uns vor dem Schlafen auf vielfältige Weise mit dem Problem beschäftigen. Bei den Eingebungen handelt es sich also nicht um irgendwelche spontanen Einfälle. Ihnen geht vielmehr eine schöpferische Leistung voraus, die im Traum schließlich ihre Vollendung findet.

Eine wichtige Voraussetzung ist dabei, dass Sie Vertrauen in Ihren eigenen Ideenreichtum entwickeln und ihn fördern. Manchmal ist es auch sinnvoll, das Problem ein oder mehrere Nächte lang zu überschlafen. Man gewinnt Abstand und betrachtet die Welt am nächsten Morgen wieder mit anderen Augen. Zerbrechen Sie sich also nicht unnötig den Kopf. Das blockiert lediglich und führt meist zu nichts.

Problemlösungen im Traum sind keine spontanen Einfälle – die gedankliche Auseinandersetzung im Wachzustand hat Vorarbeit geleistet.

Problemlösung im Schlaf

Die richtige Vorgehensweise, um Lösungen für anstehende Fragen und Probleme sozusagen »im Schlaf« zu finden:

→ Legen Sie sich neben Ihre Schlafstätte einen Stift, einen Block Papier oder ein Aufnahmegerät zurecht.

→ Bevor Sie einschlafen, betreiben Sie Autosuggestion. Sagen Sie sich wiederholt mit geschlossenen Augen den Satz: »Ich werde eine gute Lösung für mein Problem finden und mich nach dem Aufwachen daran erinnern.« Sie können mit Ihrem Willen sogar erreichen, dass Sie unmittelbar nach einem Traum aufwachen.

→ Formulieren Sie Ihre genaue Problemstellung. Zum Beispiel: »Mit welchen Argumenten kann ich eine Gehaltserhöhung verlangen?« oder auch nur »Was soll ich heute abend ins Theater anziehen?«

Wer mit seinen Träumen arbeiten will, sollte diese gleich nach dem Aufwachen notieren.

→ Bleiben Sie nach dem Erwachen ruhig liegen. Besinnen Sie sich intensiv auf Ihre Schlaferlebnisse.

→ Notieren Sie sofort nach dem Aufwachen die Inhalte Ihres Traums. Sonst verfliegt der Gedankenanstoß möglicherweise schnell.

→ Halten Sie Ihre Gefühle fest, die der Traum ausgelöst hat, und schreiben Sie wirklich jedes Detail auf, auch wenn es Ihnen noch so unwichtig oder sinnlos erscheint. Wahrscheinlich verstehen Sie erst nach mehrmaligem Durchlesen oder nach einigen Tagen den verschlüsselten Sinn der Botschaft.

→ Falls Ihnen das Aufschreiben zu aufwendig ist, lassen Sie den erlebten Traum nochmals vor Ihrem inneren Auge ablaufen. Prägen Sie sich die Handlung genau ein.

Auch unrealistische Träume enthalten meistens einen wahren Kern.

→ Natürlich kann es auch passieren, dass Sie mit einer Lösungsmöglichkeit aufwachen, die Ihnen völlig unrealistisch erscheint. Das macht aber nichts. Entweder wird Sie dieser Ansatz zu einer brauchbareren Lösung führen, oder Ihr Unterbewusstsein präsentiert Ihnen nach einem erneuten Schlaf eine bessere Antwort.

→ Wer nach dem Erwachen regelmäßig ein Traumtagebuch führt, wird sich auf Dauer öfter und genauer als andere Menschen an die nächtlichen Botschaften erinnern. Er wird sich selber besser verstehen lernen und so klügere Problemlösungen finden!

Geistiger Reichtum durch Klarträume

Was passiert, wenn im Traum nicht mehr der Zufall regiert und ein Mensch willentlich die Szenerien im nächtlichen Theater beeinflusst? Dann erschließt uns der REM-Schlaf enorme Möglichkeiten der Kreativität.

Schon seit mehr als einem Jahrtausend kultivieren tibetanische Mönche die Kunst des luziden Träumens.

Diese Chance bietet uns der luzide (= klare, wache) Traum. Man kann tatsächlich lernen, in seinen Träumen zu erwachen und die Handlung nach eigenem Geschmack zu lenken. Während des Klartraums ist man sich des Träumens bewusst, man träumt zielgerichtet. Mit dieser Fähigkeit steuert man also bewusst das Geschehen im Traum.

Normales Traumerleben durch luzide Träumen steigern

Fast jeder Mensch hat das schon einmal erlebt. Ihm wird auf einmal deutlich, dass das gerade Erlebte nicht wache Realität, sondern traumgewobene Inszenierung ist. Man fühlt sich hellwach, weiß gleichzeitig aber, dass man sich in einem Traum befindet. Es gibt Menschen, die die Fähigkeit besitzen, vor dem Einschlafen zu bestimmen, was sie träumen möchten. Erfahrene Klarträumer erzählen, dass ihre Erfahrungen Gefühle wie überschäumende Kraft, Glück und Zufriedenheit auslösen.

Luzide Träume bieten deshalb eine Chance, sich in der Sicherheit der Traumwelt ganz realen Ängsten zu stellen. Wir können dem Vorgesetzten beispielsweise im Schlaf ordentlich die Meinung sagen und uns dadurch selbst Mut für eine Auseinandersetzung machen. Im Reich der Fantasie stehen uns als Waffen übermenschliche Fähigkeiten zur Verfügung. Stürzen wir von einem steilen Abgrund in die Tiefe, breiten wir einfach wie ein Vogel die Schwingen aus und gleiten sanft auf den Boden. Solange wir ungelöste Probleme verdrängen, tauchen sie oft als Alptraum immer wieder auf. Wer sich aber am Tag bewusst einen besseren Ausgang für einen Horrortraum überlegt, dem gelingt es häufig, ihm in der Nacht den Schrecken zu nehmen. Mit der richtigen Traumtechnik schrumpft das riesige Monster zur winzigen Maus. Man lernt, selbst Verantwortung in seinem Leben zu übernehmen und sich nicht mehr als wehrloses Opfer zu fühlen.

Im Klartraum, in der Fachsprache luzider Traum genannt, kann man aktiv Probleme lösen und Ängste bewältigen.

Luzide Techniken in der Psychotherapie

Einige Therapeuten versprechen sich großen Nutzen von der Arbeit an luziden Träumen. Denn im Klartraum setzt das Gehirn die eigenen Selbstheilungsmöglichkeiten frei. Ein luzider Traum ist ein hochaktiver REM-Schlaf. Mit seiner Hilfe können wir neue Erfahrungen erproben, um dadurch bessere Lösungen für Alltagsprobleme zu entwickeln. Man kann aber auch sein Körpergefühl und das Empfinden für den Raum trainieren. So behauptet der Schlafforscher Paul Tholey, dass er es nur durch regelmäßiges bewusstes Training im Traum zum Skateboardmeister gebracht habe.

Klarträumen, der direkte Weg

Mit klarem Bewusstsein kann der Träumende seine Wahrnehmungen direkt erleben. Klarträumer müssen also die nächtlichen Botschaften nicht mehr im Nachhinein deuten. Sie sprechen die Akteure im Traum vielmehr unmittelbar an und fragen sie, warum sie da sind und was sie von ihnen wollen. Ruhig spricht der Träumer beispielsweise ein heranspringendes Raubtier an: »Wer bist du?« Der Tiger stutzt verblüfft und entpuppt sich daraufhin möglicherweise als die Mutter des Träumers.

Der Klarträumer erlebt einen paradoxen Zustand: Er weiß, dass er träumt.

Während des Klarträumens ist die Qualität des Bewusstseins dem Wachzustand sehr ähnlich. Man fühlt sich geistig präsent und weiß gleichzeitig, dass man träumt.

Halten Sie das alles nur für Träumerlatein? Tatsächlich haben geschulte Klarträumer ihre besonderen Fähigkeiten in Schlaflabors immer wieder unter Beweis gestellt. Vor dem Einschlafen können wir uns beispielsweise darauf konzentrieren, ein bestimmtes Thema im Traum zu bearbeiten. Das kann die Planung für den nächsten Urlaub oder ein Stück aus der Vergangenheit sein. Im Klartraum sind wir völlig frei!

Jeder Wunschtraum geht in Erfüllung

Trotzdem gilt: Unsere Träume lassen sich nicht ohne weiteres von uns beeinflussen. Die Fähigkeit zum Klarträumen muss erst erlernt werden.

Eines sollten wir aber nicht vergessen: Ganz bändigen lassen sich unsere Träume glücklicherweise nie. Man kann sich zwar im luziden Traum auf eine Insel in der Karibik versetzen. Aber was dort passiert, das entscheidet vor allem das Unterbewusstsein. Wir können nur Einfluss nehmen auf den Verlauf der Geschehnisse.

Luzides Träumen lässt sich leicht erlernen. Damit haben Sie die Möglichkeit, Neues zu erfahren und Lösungen für anstehende Konflikte durchzuspielen. Durch den Klartraum eröffnet sich ein völlig neuer Aspekt für das geistig-schöpferische Schaffen des Menschen.

Grundregeln zum luziden Träumen (modifiziert nach Paul Tholeys Methode)

Momente mit starken Emotionen sind typische Situationen für luzide Träume.

→ Schlafen Sie grundsätzlich immer mit dem Gedanken ein, dass Sie einen Klartraum haben werden. Das kann auch beim Wiedereinschlafen nach kurzem Aufwachen sein.

→ Stellen Sie sich jeden Tag mehrmals ernsthaft die kritische Frage: Wache oder träume ich?

→ Versuchen Sie sich dabei möglichst intensiv vorzustellen, dass Sie sich im gleichen Zustand im Traum befinden könnten.

→ Versuchen Sie, für kurze Momente am Tag abzutauchen. Tauchen Sie besonders in solchen Situationen in einen Trancezustand, die typisch für Träume sind, beispielsweise Momente mit starken Emotionen.

→ Falls wiederkehrende Traummotive bei Ihnen auftauchen, sollten Sie prüfen, inwieweit diese in ähnlicher Form im Tagesgeschehen auftreten. Stellen Sie dann wieder die Frage: Träume oder wache ich?

→ Befinden Sie sich oft in extremen Traumsituationen, die kaum in der Realität möglich sind, wie Schweben oder Fallen? Dann versuchen Sie sich während des Wachens intensiv in ein solches Erlebnis hineinzuversetzen. Sagen Sie sich dabei wiederholt, dass es sich um einen Traum handelt.

→ Nehmen Sie sich vor, im Traum eine ganz bestimmte, einfache Handlung auszuführen. Das kann ein Spaziergang auf einem Feldweg sein.

→ Nutzen Sie Autosuggestion, indem Sie Bilder verwenden, die mit in den Schlaf genommen werden sollten. Denken Sie beispielsweise an eine gemeinsame Mahlzeit mit der Familie.

→ Üben Sie regelmäßig, aber nicht verbissen. Setzen Sie sich keine Frist, und bewahren Sie Geduld. Der erste Klartraum kommt bestimmt.

Der Schlafforscher Paul Tholey hat sich intensiv mit dem Thema Klarträumen beschäftigt. Nach seiner Methode werden heute zehn Grundregeln für das luzide Träumen formuliert.

Lernen im Schlaf

Regelrecht lernen kann man nur im Wachzustand – das belegen Untersuchungen mit dem EEG.

Ohne Mühe im Schlaf zu lernen ist ein uralter Menschheitstraum. Schon im alten Rom flüsterten Privatlehrer nachts ihren schlafenden Schülern Texte ein, damit sie sich diese besser einprägen konnten. Doch in einem Punkt sind sich heute alle Traumforscher absolut einig: Sprachkassetten oder Lernprogramme, die man während des Schlafs abspielt, zeigen keine positive Wirkung. Selbst wenn die Informationen das Gehirn erreichen und sogar im Traum wieder auftauchen, lernen wir dadurch nichts. Trotzdem gibt es Tricks und Kniffe, wie man im Schlaf sein Wissen aufmöbeln kann.

Es ist wahr, dass man sich an unmittelbar vor dem Schlaf Gelerntes besser erinnert als an einen Stoff, an dem während des Tages gearbeitet wurde. Spielt ein Tonbandgerät die ganze Nacht hindurch, so kann man sich höchstwahrscheinlich an einige Teile des Textes erinnern.

Das liegt aber nur daran, dass der Schläfer noch kurze Zeit im Wachzustand den Informationen zuhörte. Gelernt wird nämlich nur, wenn das EEG den Wachzustand anzeigt oder wenn der Schläfer durch die Darbietung des Materials geweckt wird. Dann tauchen auf dem EEG Alpha- oder Betawellen auf. Das entspricht einem entspannten Wachzustand.

Eine gute Aufnahmefähigkeit

Eine gute Aufnahmefähigkeit hängt von drei Eigenschaften ab: vom Grad der Wachheit, von der Überführung der Information vom Kurzzeit- ins Langzeitgedächtnis und vom Lernstoff selbst. Letzterer sollte einem nicht gleichgültig, sondern gefühlsmäßig wichtig sein. Wer beispielsweise für den nächsten Tag eine Rede vorbereitet, wird sich emotional mehr engagieren als jemand, der langweilige Zahlenreihen auswendig lernen muss, die ihm nichts bedeuten.

Lesen Sie unmittelbar vor dem Einschlafen den Text, den Sie lernen oder verinnerlichen wollen, noch einmal intensiv durch. Die aufgenommenen Informationen gelangen zunächst in das Kurzzeitgedächtnis. Schlafen Sie nun ruhig ein und erholen Sie sich in der Nacht. Die Übertragung von Informationen ins Langzeitgedächtnis vollzieht sich vorwiegend im Traumschlaf. Wir haben also gute Chancen, dass unser gelernter Text im Kopf weiterbearbeitet wird.

Lerninhalte, mit denen man sich unmittelbar vor dem Einschlafen intensiv befasst, werden im Schlaf verinnerlicht.

Nächtliche Einflüsterungen

Wenn wir im wachen Zustand lernen, fehlt natürlich der REM-Schlaf, der die Infos direkt ans Langzeitgedächtnis weiterleitet. Außerdem strömen von außen ständig neue Reize auf uns ein, und das eigentlich Bedeutsame wird dabei leicht wieder verdrängt. Um den nächtlichen Lerneffekt zu verstärken, sollten Sie deshalb am besten gleich nach dem Erwachen den Text noch einmal durchlesen. Dann werden Sie sicherlich gut vorbereitet in den neuen Tag gehen.

Einerseits wäre es sehr praktisch, im Schlaf beispielsweise eine Fremdsprache oder die Anwendung des neuen Computerprogramms zu lernen, andererseits ist es aber auch gut und durchaus sinnvoll, dass unser Gedächtnis die Aufnahme weiterer Informationen verweigert. Denn sonst wäre man auch unerwünschten nächtlichen Einflüsterungen ausgeliefert. Solche Visionen existieren glücklicherweise bisher nur in der Sciencefiction-Literatur. Der beste Ratschlag lautet noch immer: Gehen Sie ausgeschlafen an Ihr Tagwerk, dann sind Sie leistungsfähig und kreativ.

Auch wenn wir uns manchmal wünschen, »im Schlaf« zu lernen, ist es doch ein sinnvoller Schutzmechanismus, dass uns dies nicht ohne weiteres gelingt. Denn ansonsten wären wir auch unerwünschten fremden »Einflüsterungen« ausgeliefert.

Außerdem finden wir erholsamen Schlaf in der Regel besser ohne eine ständig nervende Geräuschkulisse. Das laufende Tonband kann sogar einen negativen Effekt haben: Die zusätzlichen Reize könnten nämlich den Verarbeitungsprozess der tagsüber eingegangenen Informationen stören.

Wiederkehrende und ständige Geräusche wie Verkehrslärm können den Schlaf erheblich beeinträchtigen.

Leistungsfähiger durch Schlaf

Nicht umsonst nennt man jemanden, der eine besonders gute Idee hat, »ganz schön ausgeschlafen«.

Um dem steigenden Leistungsdruck aus Schule, Beruf oder Alltag erfolgreich standhalten zu können, muss man gut ausgeruht an sein Tagwerk gehen. Denn eine Grundvoraussetzung, um effektiv arbeiten zu können, ist ausreichender und tiefer Schlaf. Nur erholte Menschen sind in der Lage, gut zu arbeiten.

Der entspannende Schlaf bewirkt nämlich nachweislich die Steigerung der Leistungskraft, und der durch den Schlummer entstandene »Zeitverlust« wird sogar durch eine höhere Arbeitsproduktivität ausgeglichen. Außerdem bereitet uns jede Tätigkeit im ausgeschlafenen Zustand einfach mehr Spaß. Und zufriedene Mitarbeiter tragen nun einmal erheblich zum Erfolg eines Unternehmens bei – eine Erkenntnis, von der manche modern geführte Unternehmen längst profitieren.

Schlafzeit ist gut angelegte Zeit

Und was noch viel besser ist: Schlaf ist eine Investition ohne Risiko. Ein ausgeruhter Mensch fällt durch effektive Arbeit auf. Er strotzt geradezu vor Energie, im privaten wie beruflichen Be-

reich. Während des Schlafes tanken Körper und Geist neue Kräfte. Man wacht erholt auf, arbeitet zielgerichteter und konzentrierter.
Wissenschaftliche Studien ergaben übrigens, dass Mittagsschläfer in Leistungstests wesentlich besser abschnitten als Menschen, die sich nur auf den Nachtschlaf beschränkten. Außerdem trafen sie häufiger und leichter die richtigen Entscheidungen und waren zudem auch einfach besser gelaunt.

Kurzschlaf tagsüber

Es gibt auch Tests, die herausfanden, dass Nachtarbeiter, die direkt vor Arbeitsbeginnn ein einstündiges Nickerchen hielten, eindeutig dazu in der Lage waren, ihre Produktivität zu steigern. Wenn man täglich bei einem achtstündigen Arbeitstag ein etwa 20-minütiges Nickerchen hält, so die Aussagen von Schlafforschern, steigt die Produktivität um 20 Prozent – ein Argument für den Mittagsschlaf, das eigentlich jeden Arbeitgeber überzeugen sollte.

Ein Nickerchen am Arbeitsplatz

Wenn man beim vorigen Rechenbeispiel bleibt, erwirtschaftet man mit einem täglichen Mittagsschlaf von 20 Minuten Dauer gewissermaßen einen ganzen Tag pro Woche. Außerdem sind die Angestellten bei der Arbeit besser gelaunt und arbeiten sozusagen für dasselbe Gehalt einen Tag mehr pro Woche. Welcher Chef könnte da noch etwas dagegen einzuwenden haben? Überdies wäre es möglich, dass wir mit einem täglichen Nickerchen von 20 Minuten unseren nächtlichen Schlaf problemlos um einen Schlafzyklus (Dauer etwa 90 Minuten) verkürzen. Dabei würde uns kein Erholungswert verloren gehen. Obendrein gewinnt man anderthalb Stunden Zeit.

20 Minuten Mittagsschlaf pro Arbeitstag ergeben rein rechnerisch ein Produktivitätsplus von einem Arbeitstag pro Woche.

Und was könnte man damit nicht alles anfangen? Vielleicht ein Buch lesen, Vokabeln lernen, Gymnastik treiben oder einfach entspannen – alles Dinge, die wieder unsere Leistungsfähigkeit steigern.

Steigerung der Leistungskraft

Ausreichend Schlaf schafft Probleme aus dem Weg, die durch zwischenmenschliche Missstimmungen entstehen.

Höheres Schaffenspotenzial hat einen Ping-Pong-Effekt. Da man gute Leistungen bringt, ist man mit sich und der Welt zufrieden. Auch das Umfeld wird von unserer guten Stimmung beeinflusst. Das wiederum sorgt für bessere zwischenmenschliche Beziehungen, eine reibungslosere Kommunikation und ein gutes Klima am Arbeitsplatz und zu Hause. Folglich gehen wir beschwingt und in guter Stimmung in den Feierabend und schlafen abends in aller Seelenruhe ein.

Am nächsten Morgen wacht man wieder erholt auf, spürt die neuen Energien in sich und geht voller Elan den neuen Tag an. Erneut wird man durch effektive Arbeit glänzen. Auf diese Weise klettert man auf der Erfolgsleiter nach oben.

Schöner durch Schlaf

Erholsamer Schlummer – das beste Schönheitsrezept. Das wissen nicht nur unsere Topmodels …

Aufwachen und deutlich besser aussehen als am Abend zuvor. Nur eine Illusion aus dem Märchenland? Nein, ein durchaus erfüllbarer Wunsch. Entscheidend ist nur, dass man ausreichend und tief genug schläft. Egal wie lange man sich in den Federn verkriecht, vor allem in den ersten dreieinhalb Stunden des Schlafes arbeiten die Reparaturzellen auf Hochtouren. Unsere Haut erholt und regeneriert sich dabei im Eiltempo. Einige Nährstoffe nimmt unsere Haut sogar nur nachts auf. Tagsüber ist sie genug damit beschäftigt, uns vor verschiedenen Umwelteinflüssen wie Wind, Rauch oder Sonneneinstrahlung zu schützen. Im Schlaf glätten sich kleine Fältchen wie von selbst, denn über Nacht wird im Körper verstärkt Flüssigkeit eingelagert. Bei manchen Menschen hat das eine unangenehme Auswirkung. Sie wachen morgens mit dick geschwollenen Augen auf. Dagegen helfen ein leicht erhöht gelagerter Kopf, eine Augencreme oder ein kühler Kamillenteebeutel.

Nächtliche Verjüngungskur

Im Schlaf verjüngt sich die Haut: Stresshormone werden abgebaut, Wachstumshormone produziert.

Direkt nach dem Einschlafen steigt die Produktion von Wachstumshormonen im Blut stark an. Wissenschaftler hegen die Vermutung, dass das Hormon Melatonin die Zellen unserer Haut allnächtlich verjüngt. Sobald wir einschlummern, drosselt der Körper dagegen die Produktion des Stresshormons Kortisol. Jetzt beginnen sich auch die Zellen der obersten Hautschicht verstärkt zu teilen.

Ein hochkomplizierter Prozess setzt ein. Störende Einflüsse wie Stress, Bewegung, Wind oder UV-Licht sollten nachts möglichst vermieden werden. Wer sich beispielsweise spätabends auf die Sonnenbank legt, schadet seiner Haut. Sie reagiert viel sensibler als tagsüber auf die UV-Strahlen.

Auf die Sonnenbank sollten Sie sich nicht gerade am Abend legen, denn dann reagiert Ihre Haut sehr viel sensibler auf die UV-Strahlung.

WAS IST MELATONIN?

Eine kleine, aber hochwirksame Drüse im Gehirn, nämlich die Zirbeldrüse, stellt das beruhigend wirkende Hormon Melatonin her. Der Vorgang erfolgt in Abhängigkeit vom Tageslicht und dem 24-Stunden-Rhythmus. Sobald es dunkel wird, setzt die Produktion ein. Sechs bis acht Stunden lang erzeugt die kleine Drüse bis zum Fünffachen der Tagesmenge. Sobald der Tag anbricht und die ersten Lichtstrahlen einfallen, wird die Melatoninherstellung wieder gedrosselt. Das Hormon wird von einigen Forschern gerne als vermeintliche Wunderwaffe für Verjüngungskuren gehandelt.

Schlangen müssen sich in regelmäßigen Abständen von ihrer alten Haut befreien. Unsere Haut dagegen befindet sich in einem ständigen Erneuerungszustand. Täglich verlieren wir etwa zehn Gramm Hautschüppchen. Und das ist gut so. Denn indem die toten Hornzellen abgestoßen werden, bleibt unsere Haut schön glatt und leuchtet rosig.

Der Spiegel zeigt ein trauriges Bild

Schlafmangel rächt sich leider sofort: Am nächsten Morgen sieht man »ganz schön alt aus«.

Wenn wir zuwenig oder unruhig geschlafen haben, sehen wir morgens deutlich die Spuren. Unsere Gesichtshaut ist matt, bleich und trocken. Um Augen, Mund und Nase scheinen Linien über Nacht zu Fältchen geworden zu sein. Dieses unschöne Bild erklärt sich damit, dass unser Hormonspiegel durch zu wenig Ruhe ins Ungleichgewicht geraten ist. Nicht umsonst wird unsere Haut auch »Spiegel der Seele« genannt. Sie reagiert sehr empfindlich auf innere Belastung und zeigt als erste, dass die nächtliche Generalüberholung zu kurz gekommen ist. Die straffende Durchblutung und der Feuchtigkeitshaushalt stimmen nicht. Besonders Schichtarbeiter, die ja regelmäßig zu wenig und mit künstlichem Rhythmus schlafen, kennen dieses Problem. Nach einigen Jahren sehen die meisten deutlich älter und erschöpfter als normale Nachtschläfer aus.

Schlafentzug schadet Ihrem Aussehen und Ihrem Ansehen: Wer nicht genug schläft, wirkt »verlebt«.

Tipps zum optimalen Schönheitsschlaf

➜ Hautreinigung: Gleichgültig wie müde Sie sind, reinigen Sie abends unbedingt gründlich Ihre Haut. Denn nur dadurch können Sie Fette und kleine Schmutzpartikel, die sich im Laufe des Tages angesammelt haben, entfernen. Ob Sie dabei nur Wasser, Reinigungsgel oder -milch benutzen, spielt letztlich keine große Rolle. Tupfen Sie sich aber in jedem Fall danach mit einem auf ihren Hauttyp abgestimmten Gesichtswasser ab. Das beseitigt letzte Spuren von kalkhaltigem Wasser oder Reinigungsprodukten.

➜ Sauerstoff: In der Nacht benötigt die Haut viele Nährstoffe. Dazu gehört auch Sauerstoff. Deshalb sollten Sie vor dem Schlafengehen Ihr Zimmer ordentlich durchlüften und die Fenster am besten danach gekippt lassen. Mit jedem Atemzug wird Frische aufgetankt. Schlafen Sie deshalb nicht in überheizten Räumen mit geschlossenen Fenstern. Übrigens haben Forscher bereits Gesichtscremes entwickelt, die Sauerstoffmoleküle in die Haut schleusen.

➜ Pflegeprodukte: Eine Creme für die Nacht unterstützt die Haut bei ihrer nächtlichen Arbeit. Es gibt Produkte, die sich dem Biorhythmus anpassen. Außerdem versorgen sie die Zellen in der Teilungsphase optimal. Besonders wichtig sind Inhaltsstoffe wie Antioxidantien, Stoffe wie Vitamin E, B oder Beta-Carotin. Sie schützen vor den Hautfeinden Nummer eins, den freien Radikalen. Dabei handelt es sich um instabile Sauerstoffmoleküle, die die Zellwände zerstören und dadurch für eine vorzeitige Hautalterung sorgen.

Pflegende Kosmetika können die Haut bei der nächtlichen Regeneration wirksam unterstützen.

Der Mittagsschlaf: Schlüssel zur Zufriedenheit

In südlichen Ländern gehört die Siesta zum täglichen Programm.

»Zeit ist Geld«, heißt es in unserer Industriegesellschaft. Deshalb sind Muße oder gar ein Nickerchen am Nachmittag in unseren Regionen verpönt. Den kurzen Schlaf am Tag umweht ein Geruch von Faulheit und Arbeitsscheu. Was aber bei uns als anrüchig empfunden wird, steht in vielen südlichen Ländern als fester Tagespunkt auf dem Programm. Die Siesta ist den Südländern heilig. Und auch unsere Großeltern wussten den Mittagsschlaf noch zu schätzen.

Der Kurzschlaf verleiht neue Kräfte

Der schlechte Ruf des Mittagsschlafes besteht vollkommen zu Unrecht, lädt er doch unsere leeren »Batterien« hervorragend wieder auf.

Neueste internationale Studien kommen übereinstimmend zu dem Ergebnis, dass der Mittagsschlaf für den Organismus sehr wichtig ist. Völlig zu Unrecht haftet dem Nickerchen ein schlechter Ruf an. Dabei handelt es sich nämlich keineswegs um vertrödelte oder unproduktive Zeit. Laut einer Studie fühlen sich Mittagsschläfer am Abend weniger abgespannt als andere. Das spiegelt sich übrigens nicht nur in unseren besseren Arbeitsergebnissen, sondern unter anderem auch in Gehirnströmen und im Puls wider. Ein Schläfchen zwischendurch sollte man sich folglich gönnen, um den geistigen Motor wieder zum Laufen zu bringen, die Stimmung aufzumöbeln und die Gesundheit zu stärken. Erwiesenermaßen leiden Menschen, die regelmäßig einen Mittagsschlaf halten, auch viel seltener an Herzkrankheiten und Infarkten.

WAS PASSIERT BEIM MITTAGSSCHLAF?

Was Hirnstromwellen und Schlafstadien anbelangt, setzt sich der Kurzschlaf am Tag nach demselben Rezept wie der große Schlaf in der Nacht zusammen. Allerdings fällt die Dosis der Zutaten eine Spur weniger intensiv und kleiner aus. Man durchschläft alle Phasen des Nachtschlafes, allerdings nur ein- bis zweimal. Der Anteil der leichten und mittleren Schlafstadien ist beim Kurzschlaf höher. Dafür ist der Tiefschlaf nicht so ausführlich. Die Traumphase setzt beim Nickerchen schneller ein. Und zwar bereits nach 45 Minuten und nicht erst, wie beim Schlaf in der Nacht, nach 70 bis 90 Minuten. Hin und wieder fällt der Mittagsschläfer auch unmittelbar nach dem Einnicken mitten in das Reich der Fantasie hinein.

Leider können sich viele Berufstätige, außer am Wochenende, diese kleine Pause zwischendurch nur selten gönnen. Denn in unserer umtriebigen Gesellschaft räumt man aus Kurzsichtigkeit dem Nickerchen oft keinen Platz ein. Stattdessen herrschen Stress und Hektik, die die Wurzeln organischer und psychischer Krankheiten bilden. Und schließlich will keiner als Faultier oder Nichtsnutz abgestempelt werden.

Es ist in der Regel sinnvoll, seiner inneren Stimme nachzugeben und sich eine Ruhepause zu gönnen.

Das schnelle Lebenstempo zwingt uns zur ständigen Selbstkontrolle. Fällt man versehentlich in den Schlaf, weckt einen bestimmt bald das schlechte Gewissen wieder auf. Es ist leider alltäglich geworden, seine innere Stimme und seine natürlichen Neigungen zu ignorieren. Dabei ist gerade für gestresste Leute der Minischlaf am Tag eine große Stütze. Während eines Mittagsschlafes wird Stress nachweislich abgebaut, indem unser

Körper bestimmte Hormone, die in Stresssituationen verstärkt ausgeschüttet werden, kompensiert.

NACHGEWIESENE WIRKUNGEN DES MITTAGSSCHLAFS

- *Höheres Reaktionsvermögen*
- *Steigerung der Konzentrationsfähigkeit*
- *Verbesserte Gedächtnisleistung*
- *Anstieg der körperlichen Leistungsfähigkeit*
- *Mehr Energie und Tatendrang*
- *Stärkung der Gesundheit*
- *Verbesserung der seelischen Verfassung*

Warum das Nickerchen ganz natürlich ist

Im Biorhythmus eines jeden Menschen sind mehrere Ruhepausen vorprogrammiert, in denen sich Körper und Geist von den bisherigen Anstrengungen des Tages erholen sollen.

Viele Menschen überkommt in den Nachmittagsstunden immer wieder eine lähmende Schläfrigkeit. Die Augenlider werden wie Blei, immer schwerer. Erreicht man tagsüber diesen toten Punkt, ist es ratsamer, ein kleines Nickerchen einzulegen, als eine halbe Kanne Kaffee zu trinken oder sich mit anderen Tricks krampfhaft wach zu halten.

Beim Bedürfnis nach Mittagsschlaf handelt es sich keineswegs um ein Zeichen von Trägheit, sondern um einen von der Biologie einprogrammierten Impuls. Ob wir wollen oder nicht, unsere inneren Uhren sind auf ein Schläfchen am frühen Nachmittag eingestellt – selbst wenn der Schlaf der letzten Nacht tief und erholsam war.

Unser Biorhythmus sieht mindestens einen Kurzschlaf vor. Optimal wären aber mehrere kurze Schläfchen und Erholungspausen, die man über den ganzen Tag verteilt. Die Schläfrigkeit tritt übrigens unabhängig von einer Mahlzeit, dem Temperament eines Menschen oder den klimatischen Bedingungen auf. Ein üppiges Essen, eine phlegmatische Persönlichkeit oder heiße Temperaturen können die Müdigkeit zwar verstärken, aber nicht auslösen. Das Nickerchen ist von der Natur vorgesehen, um Körper und Geist für den Rest des Tages fit zu machen. Auch unsere Tierwelt weiß das kleine Schläfchen am Tage zu schätzen. Unter den Dösenden findet man beispielsweise Pferd, Katze oder Reh. Der Kurzschlaf beugt mit großer Wirksamkeit den Ausfallerscheinungen vor, die durch Übermüdung häufig zustande kommen.

Das ist natürlich besonders für die Menschen wichtig, denen ihre Müdigkeit zum Verhängnis werden könnte. Das kann der Autofahrer am Steuer genauso wie die Mutter mit Kleinkind am Herd oder der Chirurg beim Operieren sein. Doch manche Berufstätige bemerken die Tiefphasen am Nachmittag kaum, weil sie sich durch ständig auf sie einprasselnde Reize und Ablenkungen wach halten.

Wer seine Müdigkeit immer wieder ignoriert, ist bald übermüdet und lebt gefährlicher als ausgeschlafene Menschen.

Viele Tiere machen tagsüber gerne mal ein Nickerchen: Dazu gehört ganz besonders die Katze.

Der Körper fordert sein Recht

Nicht nur in Südostasien ist Mittagsruhe erste Bürgerpflicht. In vielen anderen Ländern wird diese Regel auch beachtet.

Kleine Kinder und ältere Leute fügen sich ganz selbstverständlich in die regelmäßigen Rhythmen des Wachens und Schlafens ein. Doch bereits mit Eintritt in die Schule wird dieses natürliche Bedürfnis meist abtrainiert. Sobald der Mensch voll in den Arbeitsprozess integriert ist, bleibt für den Gedanken an die Siesta kein Raum mehr. Man verzichtet auf den Schlaf vermeintlich zugunsten der Arbeitsproduktivität.

Dass es auch anders geht, zeigen uns zahlreiche Beispiele aus anderen Ländern. In China etwa wird den Arbeitern in Fabriken und Büros nach dem Mittagessen eine Stunde Schlummerzeit angeordnet. Schon früher zuckten viele große Denker, Künstler, Wissenschaftler und Entdecker angesichts der Vorurteile, die allgemein über den Mittagsschlaf herrschen, nur gelangweilt die Schultern. Sie selbst folgten dem Vorbild der Natur. So richtete beispielsweise der britische Premierminister Winston Churchill selbst in den heißesten Wortgefechten im Kabinett seine Termine stets so ein, dass er dazwischen sein geliebtes Mittagsschläfchen halten konnte. Und auch der geniale Physiker und Nobelpreisträger Albert Einstein hielt regelmäßig seine Nickerchen von fünfminütiger Dauer.

Der Mittagsschlaf sollte kein Privileg von Säuglingen und Rentnern sein.

Auch in unserer Gesellschaft gibt es wieder Stimmen, die vehement für das regelmäßige Nickerchen eintreten. Schließlich handelt es sich um eine der einfachsten Methoden, körperliches und geistiges Wohlbefinden zu erhalten. Einzige Voraussetzung: Man muss lernen, auf seine innere Uhr zu hören.

Unter gesundheitsbewussten Menschen ist der Kurzschlaf schon lange wieder gesellschaftsfähig geworden. Ärzte empfehlen das Nickerchen im Rahmen einer ausgeglichenen und gesunden Lebensweise immer häufiger. Außerdem entdecken heutzutage auch in unseren Breiten immer mehr Unternehmen den Mittagsschlaf als Leistungsquelle.

BERÜHMTE KURZSCHLÄFER

- → *Isaac Newton (Physiker)*
- → *Napoleon Bonaparte (Feldherr)*
- → *Benjamin Franklin (Politiker)*
- → *Salvador Dali (Künstler)*
- → *John Fitzgerald Kennedy (Politiker)*
- → *Leonardo da Vinci (Künstler)*
- → *Thomas Alva Edison (Erfinder)*
- → *Thomas Mann (Schriftsteller)*
- → *Konrad Adenauer (Politiker)*

Der richtige Zeitpunkt für das Nickerchen

Über den Tag verteilt, findet bei uns in Zeitabständen von etwa vier Stunden ein Wechsel zwischen Schlaf- und Wachzustand statt. Bei Kleinkindern lässt sich das oft noch unverfälscht beobachten.

Diese regelmäßig wiederkehrenden Zeiten nennen Wissenschaftler auch Schlaffenster. Gewöhnlich liegen sie etwa um 9 bis 10 Uhr, 13 bis 14 Uhr, 17 bis 18 Uhr und später abends gegen 21 bis 22 Uhr. Der Organismus schaltet in diesen Momenten automatisch auf Ruhe um.

Durch die Schlaffenster führt der Weg ins Reich der Träume. Während eines solchen Schlaffensters fällt das Einschlafen besonders leicht.

Erreicht man ein bestimmtes Schlaffenster, schläft man gewöhnlich problemlos und rasch ein. Verpasst man aber den richtigen Moment, sollte man besser auf das nächste Schlaffenster warten. Es folgt etwa 90 Minuten später. Wichtiger als die Dauer des Schläfchens, ist auf jeden Fall die Wahl des richtigen Zeitpunkts! Ein Kurzschlaf zum falschen Moment kann zu anhaltender Zerschlagenheit und Benommenheit führen.

WIE TICKT DIE INNERE UHR AM TAG?

→ *7 bis 8.00 Uhr: Der Puls und die Körpertemperatur steigen langsam. Die beste Zeit für die Liebe liegt übrigens gegen acht Uhr morgens, weil zu diesem Zeitpunkt die meisten Geschlechtshormone ausgeschüttet werden.*

→ *10.00 bis 12.00 Uhr: Ein erstes Tief. Danach steigt die Aktivität weiter. Morgentypen sind topfit.*

→ *14.00 Uhr: Ein zweites großes Tief. Mit der Körpertemperatur sinkt auch die Stimmung in den Keller.*

→ *15.00 Uhr: Geringes Schmerzempfinden. Die beste Zeit, um zum Zahnarzt zu gehen.*

→ *16.00 bis 18.00 Uhr: Topathleten brechen Rekorde vorrangig am Spätnachmittag. Der Körper ist in Hochform.*

→ *19.00 bis 20.00 Uhr: Die Temperatur sinkt wieder ab. Eine Entspannungsphase folgt. Übrigens baut die Leber in diesem Zeitraum den Alkohol am besten ab.*

Variable Schlaffenster

Theoretisch könnten Sie alle vier Stunden einschlafen, denn in diesem Rhythmus kehren die besten Schlafzeiten wieder.

Die Vier-Stunden-Phase ist nicht streng festgelegt, sondern hängt auch von den Gewohnheiten und Vorlieben des Einzelnen ab. Der Schlaf-Wach-Rhythmus wird zwar von der inneren Uhr geregelt, aber diese wird wiederum durch verschiedene andere Faktoren beeinflusst. Das kann beispielsweise der jahrelang gewohnte Arbeitsrhythmus sein. Wenn man sich selbst eine Zeit lang aufmerksam beobachtet und wieder lernt, auf seine Bedürfnisse zu hören, wird man schnell seine persönlichen

Schlaffenster finden. Achten Sie einfach auf untrügliche Signale der Müdigkeit wie Gähnen oder Mattigkeit. Am stärksten ist der Schlafdrang am Nachmittag, nämlich etwa zwölf Stunden nach der Mitte des Nachtschlafs. Nicht umsonst halten die Südländer zu diesem Zeitpunkt ihre Siesta.

Wer gegen 14 und 16 Uhr über einer Akte am Schreibtisch grübelt, in einer stillen Umgebung arbeitet oder auf dem Sofa liest, wird sich gegen seine Müdigkeit kaum wehren können. Man fällt in das so genannte Drei-Uhr-Loch und wird vom geistigen sowie körperlichen Leistungstief übermannt. Wer versäumten Nachtschlaf nachholen möchte, sollte dies am besten zwischen 14 und 16 Uhr nachmittags tun. In dieser Zeitspanne entfaltet das Nickerchen seine positivsten Wirkungen. Bei Morgentypen öffnet sich dieses Schlaffenster übrigens etwas früher, bei Langschläfern oft erst am späten Nachmittag.

Sie schaden sich nur selbst, wenn Sie das natürliche Schlafbedürfnis unterdrücken. In dieser Phase der Müdigkeit sinken alle messbaren geistigen Werte auf einen Tiefpunkt ab.

Die Anzeichen der Müdigkeit überkommen uns nicht grundlos. Denn Konzentrationsvermögen, Reaktionsgeschwindigkeit und Stimmungslage verschlechtern sich in diesen Phasen deutlich. Es ist kein Zufall, dass dann viele Unfälle im Haus und auf der Straße geschehen.

Am frühen Nachmittag ist bei fast allen Menschen der »tote Punkt« erreicht. Ein kurzer Schlaf wirkt jetzt Wunder.

Schon im alten Orient wurde der »kleine Schlaf« praktiziert.

Die ideale Dauer des kleines Schlafs

Eine orientalische Weisheit besagt, dass der optimale Tagesschlaf nicht länger als 60 Atemzüge dauern sollte, also etwa vier Minuten. Diese vier Minuten entsprechen, nach dem Stand der modernen Wissenschaft, tatsächlich dem für einen Erholungswert erforderlichen Minimum. Allerdings halten sich nur wenige deutsche Bürger an diese orientalische Weisheit. Aus einer Befragung geht nämlich hervor, dass sich die meisten Mittagsschläfer im Schnitt 70 Minuten lang aufs Ohr legen.

Unter modernen Wissenschaftlern herrschen unterschiedliche Ansichten darüber, wie lange der ideale Mittagsschlaf dauern sollte.

Theorie 1

In der Kürze liegt die Würze. Ein Kurzschlaf sollte nach dieser Theorie mindestens vier Minuten, aber nicht erheblich länger dauern. Denn nur in diesem Zeitrahmen verspricht der Kurzschlaf auch Erholung.

Theorie 2

Der Kurzschlaf soll eine maximale Dauer von 10 bis 15 Minuten haben – sagen die Anhänger dieser Theorie. Frische und Erholung stellen sich nur nach dieser, ebenfalls relativ kurzen Zeit, sofort nach dem Aufwachen, ein. Bei längeren Schläfchen gerät man in eine Art Trancezustand, aus dem man nur schwer wieder herausfindet. Das trifft besonders bei solchen Menschen zu, die unter einem niedrigen Blutdruck leiden.

Die optimale Dauer des Nickerchens ist individuell verschieden und auch unter Wissenschaftlern umstritten.

Theorie 3

Der Mittagsschlaf darf eine halbe bis eine Stunde betragen. Allerdings stellt sich die Frische und Erholung nicht bei jedem Menschen sofort nach dem Aufwachen ein. Der Tagesschläfer benötigt eine gewisse Zeit, um einen klaren Kopf zurückzugewinnen. Er verliert also zusätzlich Zeit, da er erst wieder richtig in Fahrt kommen muss.

Theorie 4

Die genaue Dauer des Nickerchens spielt keine große Rolle. Nach einem Kurzschlaf am Mittag fühlen sich geübte Mittagsschläfer subjektiv erfrischt. Dabei ist es gleichgültig, ob die Siesta eine halbe oder zwei Stunden währte. Die Wirkung ist genau dieselbe.

Die Schlafqualität zählt

Hypotoniker – also Menschen mit niedrigem Blutdruck – sollten sich auf eine kurze Ruhepause beschränken.

Wie Sie gerade erfahren haben, gibt es keine festen Regeln, an die man sich bezüglich der Dauer des Schläfchens halten kann. Am besten entscheidet deshalb jeder für sich selbst über den geeigneten Zeitrahmen. Wichtig ist jedoch: Die Schlafgüte wird in hohem Maße durch den richtigen Zeitpunkt bestimmt. Wie viele Schläfchen Sie tagsüber bevorzugen, hängt ebenfalls von Ihren persönlichen Kriterien ab. Aufpassen sollten allerdings Menschen mit einem niedrigen Blutdruck. Sie dürfen den Tagesschlaf nicht zu lang ausdehnen, denn dann sinkt der Blutdruck noch weiter ab.

Deshalb wird man sich nach dem Nickerchen zunächst ziemlich gerädert und kaputt fühlen. Der Kreislauf muss erst langsam wieder angekurbelt werden.

Wer hingegen putzmunter erwacht, bringt erwiesenermaßen auch die besseren Leistungen. Vermutlich sorgt dafür aber auch

Ein regelmäßiges kleines Schläfchen am Mittag wirkt sich positiv auf unser Wohlbefinden und unsere Leistungsfähigkeit aus.

Bereits nach zehn Minuten ist die Erholung, die ein kurzes Schläfchen verspricht, deutlich spürbar.

ein regelmäßiges Schlaftraining. Wer nur ab und zu ein Nickerchen einlegt, bringt seinen biologischen Rhythmus durcheinander und wird den Rest des Tages matt und leicht benommen verbringen. Der Erholungswert ist deshalb erwiesenermaßen deutlich höher, wenn man sich das tägliche Schläfchen zur angenehmen Pflicht macht.

Unbestrittene Tatsache ist auch, dass der Mittagsschlaf, an seiner Länge gemessen, größeren Erholungswert besitzt als der Schlaf in der Nacht. Tatsächlich kommen daher manche Menschen mit drei bis vier Stunden Schlaf pro Nacht gut aus, obwohl man ja eigentlich länger schlafen sollte. Sie stehen einen Arbeitstag bis zu zehn Stunden aber nur deshalb problemlos durch, weil sie regelmäßig ein Nickerchen halten. Ein zehnminütiges Schläfchen kann bereits wie eine erfrischende Dusche wirken. Danach geht man gestärkt und mit neuer Kraft an die Arbeit.

Der außerordentlich gute Erholungswert nach einem Kurzschlaf ist übrigens darauf zurückzuführen, dass man ohne lange Übergangsphase sofort in den Tiefschlaf fällt.

AB WANN KANN MAN DEN SCHLAF ALS NICKERCHEN BEZEICHNEN?

An den Universitäten hat man sich auf folgende Definition des Kurzschlafes festgelegt: eine Episode von Schlaf, die von ein paar Minuten bis zu vier Stunden oder der Hälfte der gewöhnlichen nächtlichen Schlaflänge dauern kann. Alles darüber bezeichnet man als Schlaf, alles darunter heißt Kurzschlaf.

TIPPS ZUM KURZSCHLAF

Eine Ruhepause zwischendurch ist auch dann von großem Nutzen, wenn man nicht in Tiefschlaf sinkt und nur die Phase des leichten Schlafs durchläuft. Eine mehrminütige Entspannungspause ohne Schlaf ist ebenfalls hilfreich. Wichtig: Klinken Sie sich für einige Minuten aus Ihrer Umwelt aus! Eine tolle Entspannung verspricht der Minutenschlaf. Salvador Dali war Meister in dieser Blitzschlaftechnik. So wird's gemacht: Setzen Sie sich mit einem Löffel in der Hand in einen Sessel. Sobald der Tiefschlaf einsetzt, fällt der Löffel herunter und weckt Sie durch das Geräusch. Sie werden sich total ausgeruht fühlen. Der Grund: Durch das Schließen der Augen werden 90 Prozent der Informationen, die sonst auf das Gehirn einströmen, herausgefiltert. Eine Übung, die Sie tagsüber ruhig öfter wiederholen können. Wer sich eine halbe oder gar eine ganze Stunde Mittagsschlaf gönnt, kann diese Zeit getrost vom Nachtschlaf abziehen. Faustregel: Je kürzer das Nickerchen, desto häufiger sollte es stattfinden.

Nicht nur für Berufstätige ideal: die Blitzschlaftechnik. Mit der nebenstehenden Übung ist sie leicht zu erlernen.

Den kleinen Schlaf am Tag erlernen

Viele Menschen haben sich das Bedürfnis, tagsüber zu schlafen, leider regelrecht abtrainiert.

Beim Mittagsschlaf sollten Störungen jeder Art möglichst vermieden werden.

»Guter Schlaf ist durch nichts zu ersetzen«, wussten schon unsere Vorfahren. Leider haben sich heute aber nur wenige Menschen ihr natürliches Schlafverhalten bewahrt. Dabei wird es gerade in unserer modernen Welt immer bedeutsamer, sich in kürzester Zeit zu entspannen und seinen Tagesablauf besser zu organisieren. Doch keine Sorge! Mithilfe des Kurzschlafes bekommt man selbst ein stressiges Leben gut in den Griff. Da es allerdings nur wenige Naturtalente gibt, die problemlos in jeder Situation und Seelenlage ein Schläfchen halten können, folgen hier einige praktische Tipps. Je häufiger Sie die beschriebene Übung durchführen, desto leichter wird Ihnen der Einstieg in den Kurzschlaf fallen. Geben Sie nicht auf, wenn es nicht sofort klappt! Erzwingen lässt sich der Kurzschlaf nicht. Wenn Sie partout nicht einschlummern können, nutzen Sie die Gelegenheiten einfach als Entspannungspause aus. Schließen Sie die Augen, und malen Sie sich dabei eine schöne Erinnerung aus. Die kleine Pause bringt fast ebenso viel Erholung wie ein kurzes Nickerchen. Denn die Reparaturmaßnahmen im Schlaf – etwa die Ausschüttung der Wachstumshormone – beginnen nicht erst beim Einschlummern, sondern schon dann, wenn man sich gemütlich zur Ruhe begibt. Wenn es sich einrichten lässt, legen Sie sich am besten nach dem Mittagessen aufs Ohr. Meiden Sie schwere Mahlzeiten und verzichten Sie auf Aufputschmittel wie Tee, Kaffee oder Tabak zum Dessert.

Wege in den Kurzschlaf

→ Sobald Sie erste Anzeichen der Müdigkeit spüren, legen Sie sich hin.

→ Lockern Sie vorher Ihre Kleidung, damit Sie beim Atmen nichts beengt.

- Schnäuzen Sie sich, um Ihre Nase frei zu bekommen.
- Wählen Sie die Schlafposition aus, die für Sie am angenehmsten ist.
- Sorgen Sie für ein weitgehend lärmfreies Umfeld. Stellen Sie möglichst Ihr Telefon ab, verbitten Sie sich Besuche oder andere Störungen.
- Ohrstöpsel, leise Meditationsklänge aus dem Walkman und eine Schlafbrille können hilfreich sein.
- Beauftragen Sie jemanden, der Sie nach der gewünschten Zeit wieder wecken soll.
- Schließen Sie die Augen, sobald Sie sich in einer gemütlichen Stellung befinden.
- Atmen Sie ganz langsam durch die Nase ein und wieder aus. Verlangsamen Sie bewusst die Atmungsgeschwindigkeit.
- Halten Sie nach dem Ein- und Ausatmen jeweils einige Sekunden die Luft an. Über die richtige Atmung kann man sehr wirksam zu innerer Ruhe gelangen.

WER SOLLTE BESSER DEN KURZSCHLAF MEIDEN?

Menschen mit Schlafstörungen verzichten besser auf das Nickerchen, um die Müdigkeit für den Abend aufzubewahren. Vier Prozent der Bevölkerung sollten sich das Schläfchen verkneifen, weil sie sich danach immer matt und benommen fühlen. Zu dieser Gruppe zählen besonders empfindliche Leute, die sich durch leise Geräusche oder ein verändertes Umfeld stören lassen. In der nächsten Verwandtschaft dieser Gruppe befanden sich häufig Personen mit chronischen Schlafstörungen. Außerdem konsumierten diese Leute mehr Kaffee als andere.

Achtung: Chronische Schlafstörungen vertragen sich nicht immer mit einem Mittagsschlaf.

Die praktische Umsetzung des Nickerchens im Alltag

Zunehmende Hektik bestimmt unsere moderne Zeit und macht immer mehr Menschen krank.

Stress, Depressionen und Schlafprobleme zählen zu den Krankheiten des 20. Jahrhunderts. Sie sind aber keineswegs vom Schicksal vorherbestimmt, sondern vielmehr das Ergebnis unseres rastlosen Verhaltens. Wir müssen uns bewusst machen, dass wir für unsere oftmals schlechten Schlafgewohnheiten selbst verantwortlich sind. Da helfen keine Ausreden, wie »Wenn da nicht die Arbeit, Familie oder Prüfungen wären ...«. Umdenken heißt der Weg zum Ziel.

Stehen Sie zu Ihrer Schlafphilosophie

Leisten Sie zunächst einmal ein bisschen Überzeugungsarbeit in Ihrem näheren Umfeld. Erklären Sie die Vorteile eines Nickerchens. Lassen Sie sich aber nicht von spöttischen Bemerkungen aus der Ruhe bringen. Schuldgefühle oder ein schlechtes Gewissen sind fehl am Platz. Das wirkungsvollste Nickerchen ist nämlich jenes, zu dem Sie innerlich eine positive Einstellung haben. Ihnen sollte das Wissen ausreichen, dass ein Unterdrücken Ihres natürlichen Schlafbedürfnisses unangenehme Auswirkungen haben wird. Sei es, dass Sie gereizt auf Ihre Umwelt reagieren oder durch Ihre Schläfrigkeit eine wichtige Entscheidung verpatzen.

Mit der Zeit werden es Ihre Mitmenschen zu schätzen wissen, wenn Sie ausgeruht und ausgeglichen sind.

Nehmen Sie sich die Freiheit auf ein Schläfchen selbstbewusst heraus. Wir sind sowieso schon eng genug in gesellschaftliche Verpflichtungen und persönliche Zwänge verstrickt.

Büroschlaf ist gut für die Arbeit

Falls Sie im Büro ein Nickerchen halten wollen, besprechen Sie sich zuerst mit Ihrem Chef und Ihren Mitarbeitern. Erklären Sie die Vorteile des Mittagsschlafs. Machen Sie sich und ihnen klar: Was sollte ein vernünftiger Chef gegen Ihre gesteigerte Leistungsfähigkeit einzuwenden haben? Begegnen Sie Widerständen aus Ihrem Umfeld mit Humor. Weisen Sie auf geniale Denker hin, die regelmäßig ein Nickerchen hielten.

Zukünftig weist hoffentlich das Sofa im Büro keineswegs auf einen phlegmatischen Charakter, sondern vielmehr auf kluge Vorausplanung hin.

Einem verständnislosen oder einfach skeptischen Chef können Sie durchaus auch mitteilen, dass der medizinische Schutzeffekt des Nickerchens die Zahl der Krankentage reduziert. Nicht nur in den USA und in Japan, wo für viele die 60-Stunden-Woche Standard ist, sondern auch in Europa haben einige Unternehmen mittlerweile Einsehen gezeigt. Erdöl- und Elektrokonzerne bieten ihren Mitarbeitern Entspannungskurse an, und einige Computerfirmen stellen sogar Ruheräume mit Liegen zur Verfügung.

Das obere Management weiß inzwischen: Büroschlaf ist gut für die Arbeit. Denn nur ein Mensch, der sich nicht übermüdet und lustlos durch das Leben schleppt, kann produktiv und kreativ arbeiten!

Praktische Tipps für das Schläfchen in Alltagssituationen

→ Bei der Urlaubsreise: Wählen Sie nicht unbedingt den frühestmöglichen Starttermin für Ihre Reise, nur weil Sie glauben, dadurch kostbare Zeit zu gewinnen. Mit dem angebrochenen Tag können Sie nämlich am Urlaubsort nicht viel anfangen, wenn Sie übermüdet und gestresst dort ankommen. Wählen Sie lieber einen späteren Abflug- oder Abfahrtstermin, und legen Sie sich vor dem Reisebeginn noch mal für eine Runde aufs Ohr. Dann werden Sie den Urlaub bestimmt von der ersten Minute an in vollen Zügen genießen.

Der erste Urlaubstag sollte Sie nicht endgültig urlaubsreif machen. Brechen Sie deshalb möglichst ausgeruht auf.

→ Bei der Suche nach einer Lösung: Wer sich lange Zeit intensiv mit einem Problem beschäftigt und dabei keine Lösung findet, sollte kurz ein Schläfchen halten. Denn durch lange Grübeleien blockiert man sich nur selbst. Legen Sie sich deshalb besser hin und schalten Sie ab.

Übermüdung macht unberechenbar – für andere Menschen wie für einen selbst.

→ Bei Autofahrten: Nach längeren Autofahrten sollten Sie unbedingt auf Ihr Schlafbedürfnis achten. Die Reaktionsfähigkeit sinkt rapide, wenn Sie müde werden. Denken Sie daran, dass sehr viele Unfälle aus Übermüdung passieren. Bei den ersten Anzeichen von Müdigkeit fahren Sie am besten sofort an die nächste Raststelle, klappen den Sitz zurück und legen ein kurzes Nickerchen ein.

→ Bei privatem Ärger: Der Haussegen hängt schief. Sie kommen nach einem anstrengenden Tag nach Hause und sollen beispielsweise ein familiäres Problem besprechen. Sie fühlen sich geistig völlig ausgelaugt und haben keine Energien mehr für ein aufreibendes Gespräch. Erklären Sie Ihrem Partner, dass Sie abgespannt sind und nach einem Schläfchen gerne ein klärendes Gespräch führen wollen. Versuchen Sie ruhig und sachlich zu bleiben. Lassen Sie sich auf gar keinen Fall in Ihrem Zustand auf eine Diskussion ein. Wer übermüdet ist, reagiert oft aggressiv. Nach einer kleinen Erholungspause sieht die Welt wieder ganz anders aus.

Parties und Feste meidet man besser im unausgeruhten Zustand.

→ Bei Einladungen: Eine große Party, auf die Sie sich schon wochenlang freuen, steht an. Leider haben Sie eine unruhige Nacht hinter sich und fühlen sich morgens nach dem Aufstehen unausgeruht und schlapp. Den anstehenden Arbeitstag bewältigen Sie mit Mühe. Wieder zu Hause angekommen, möchten Sie sich am liebsten sofort unter der Bettdecke verkriechen. Hören Sie auf Ihre innere Stimme! Schleppen Sie sich auf keinen Fall mit letzter Kraft auf das Fest. Dort wird keiner Freude an Ihrem zerstreuten Wesen haben. Sie selbst werden deprimiert feststellen, dass Sie nicht einmal fähig sind, guten Smalltalk zu führen. Sagen Sie dem Gastgeber doch einfach ab, entschuldigen Sie sich mit Ihrem Zustand. Vielleicht gelingt es Ihnen sogar, nach einem längeren erholsamen Schläfchen wieder erfrischt aufzuwachen und die Party dann anschließend doch noch gut gelaunt zu besuchen

Wollen Sie den Tag fröhlich beginnen, dann lassen Sie sich doch mit Musik wecken.

Richtiges Aufstehen

»Jedes Erwachen ist für uns wie eine neue Geburt«, schrieb der Psychoanalytiker Sigmund Freud. Tatsächlich ist das Erwachen eine kleine Wissenschaft für sich, die man aber erlernen kann. Nur wer die Kunst des Aufstehens beherrscht, wird anschließend auch einen gelungenen Start in den zweiten Abschnitt des Tages finden.

Für das Aufstehen gibt es einige bewährte Tricks. Statt eines lärmenden Weckers wählen Sie besser angenehme Musik. Stehen Sie nicht zu schnell auf! Lassen Sie sich Zeit zum Wachwerden. Faustregel: Genauso viel Zeit wie man zum Einschlafen braucht, benötigt man auch zum Aufstehen. Echte Schlafkünstler, die in wenigen Sekunden ins Reich der Träume abtauchen, wachen in der Regel genauso schnell wieder auf. Denken Sie beim Erwachen an etwas Schönes, beispielsweise ein gutes Essen, auch wenn ein schwieriger Tag ansteht.

Jeder Tag bietet etwas, auf das man sich freuen kann, und daran sollten Sie gleich beim Aufwachen denken.

Betreiben Sie positive Autosuggestion, und sagen Sie sich Sätze wie: »Heute ist ein guter Tag« oder »Ich fühle mich stark und fit.« Ihre ersten Gefühle nach dem Aufwachen beeinflussen die Stimmung für den ganzen Tag. Atmen Sie ein- bis zweimal tief

Duschen weckt die Lebensgeister. Sie sollten aber weder nur heiß noch nur kalt duschen: Wechseldusche heißt das Rezept.

durch, bewegen Sie Finger und Zehen. Dehnen und strecken Sie sich wie eine Katze. Rekeln Sie dann den ganzen Körper. Gähnen Sie herzhaft. Atmen Sie noch einmal tief durch. Jetzt können Sie sich aufrichten.

Nach dem Erwachen atmen Sie bei geöffnetem Fenster noch ein- bis zweimal möglichst tief durch. Dann waschen Sie sich das Gesicht mit kaltem Wasser ab oder Sie machen einige kurze gymnastische Übungen, um den Kreislauf wieder in Schwung zu bringen. Vermeiden Sie aber unnötige Kraftakte, unkontrollierte und heftige Bewegungen. Nehmen Sie danach eine Wechseldusche! Abwechselnd heiß und kalt abbrausen und Sie werden mit Sicherheit mobil. Nur kalt zu duschen, ist nicht empfehlenswert. Der Körper besitzt nicht die Energie, sich schnell wieder aufzuwärmen. Die Folge ist: Wir frösteln den ganzen Tag.

Wenn Ihnen aus irgendwelchen Gründen der Kopf brummt, lassen Sie etwa drei Minuten lang heißes Wasser über den Nacken laufen. Das löst Verspannungen und macht den Kopf wieder klar. Massieren Sie anschließend die Kopfhaut sanft. Ätherische Öle wecken die Lebensgeister.

Vier Übungen zum sanften Wachwerden

Das erholsamste Nickerchen nutzt nicht viel, wenn man danach mit dem linken Fuß aufsteht. Was uns am besten hilft, die Müdigkeit wieder zu vertreiben, muss jeder durch geduldiges Ausprobieren selbst herausfinden. Nachfolgend stelle ich Ihnen einige bewährte und einfach zu erlernende Methoden vor, mit deren Hilfe Sie sanft wach werden können.

Gymnastik

Stehen Sie locker und entspannt, um ins innere Gleichgewicht zu finden. Spüren Sie bewusst den Boden unter Ihren Füßen.

Drehen Sie dann den Körper wechselweise zuerst nach links und anschließend nach rechts, und lassen Sie dabei die Arme locker mitschlenkern.

Meditation

Stehen Sie vor dem offenen Fenster, atmen Sie tief bis in den Bauch hinein und langsam wieder aus. Stellen Sie sich beim Einatmen vor, dass Sie Energie einsaugen, und beim Ausatmen, dass Sie die Müdigkeit ausstoßen.

Mit frischer Luft und etwas Bewegung nach dem Aufwachen sind Sie gleich voll da.

Fußreflexe

Drehen Sie Ihre Zehen zehnmal in beide Richtungen. Dann greifen Sie mit den Fingern einer Hand zwischen die Zehen beider Füße und drehen sanft das Fußgelenk.

Klopfen Sie sich wach

Schlagen Sie mit der Handkante seitlich, vorne und hinten sanft gegen Ihre Halsmuskeln. Anschließend bearbeiten Sie auf die gleiche Weise Ihre Arme, Rücken, Schultern und Beine.

Das Nickerchen im Berufsleben und auf Reisen

Über das Schläfchen am Schreibtisch sind unzählige Witze im Umlauf. Witze, über die in den südlichen Ländern niemand den Mundwinkel verziehen würde. Dort geben die Leute ihrem natürlichen Schlafbedürfnis einfach mit einer Siesta nach und tun ihrem Körper damit etwas Gutes. Eignen Sie sich das gleiche Selbstverständnis an. Gerade im Berufsleben und auf Reisen wird Ihnen das Einnicken zwischendurch eine große Unterstützung sein.

Was wir von den Südländern lernen können: Die Siesta achtet das natürliche Schlafbedürfnis und regeneriert Geist und Körper.

Wer glaubt, sich das Eindösen nicht leisten zu können, sollte zwischendurch wenigstens eine kurze Ruhepause einlegen. Da nicht überall ein Sofa parat steht, müssen Sie zunächst einmal einen geeigneten Ort finden, an dem Sie Ihr Nickerchen halten können. Das scheint auf den ersten Blick im Berufsleben und auf Reisen nicht immer einfach zu sein.

Machen Sie sich am besten gleich sofort von dem Gedanken frei, dass Schlafen nur auf dem Himmelbett oder einer anderen Liegestatt möglich ist. Natürlich ist es anfangs etwas gewöhnungsbedürftig, an einem fremden Ort in ungewöhnlicher Position zu schlafen. Sie werden aber erstaunt sein, wie viele geeignete Plätze es für ein Nickerchen gibt.

Es lässt sich lernen, in jeder Lebenslage einen kleinen Erholungsschlaf zu finden.

Für Anfänger ist das Liegen unumstritten die einfachste Schlafposition. Allerdings ist diese Form der Erholung nur an den wenigsten Orten möglich. Lösen Sie sich also von den alten Mustern, und begreifen Sie, dass es keine typische Schlafhaltung gibt. Das Nickerchen lässt sich in beinahe jeder Lage durchführen. Ruhigen Schlaf findet man zusammengerollt wie eine Katze genauso wie mit ausgestreckten oder angewinkelten Beinen. Die Körperhaltung nimmt keinen Einfluss auf den Schlaf. Auch die Wahl des Ortes spielt keine große Rolle. Das kann im Auto oder am Schreibtisch genauso wie auf der Parkbank sein.

Kurzschlaf vor Prüfungen und Stichtagen

Zu den optimalen Prüfungsvorbereitungen gehört auch gezieltes Ausruhen.

Geistige Arbeit ist nur dann erfolgreich, wenn man ausgeschlafen und gut erholt ist. Deshalb ist vor einer Prüfung, einem wichtigen Gespräch oder entscheidenden Treffen ein kleines Nickerchen sehr hilfreich. Bei Versuchspersonen, die zuvor ein Mittagsschläfchen abhielten, nahm die Zahl der Fehler bei kniffligen Tests um ein Drittel ab. Das Nickerchen vertreibt die Anspannung. Müssen Sie sich erst noch einige Tage oder Wochen auf die anstehende Herausforderung vorbereiten, gewöhnen Sie sich bis dahin ein geregeltes Schlafverhalten an.

Es ist spätnachts, der Kopf brummt, die Buchstaben verschwimmen, und trotzdem klammern Sie sich wie an einem Rettungsseil an Ihren Unterlagen oder Büchern fest: Mit aller Gewalt wollen Sie diesen Lernstoff noch bewältigen. Zigaretten und gefüllte Kaffeekanne stehen parat. Aber trotz der Aufputschmittel weigert sich ihr Gehirn, weitere Informationen zu speichern. »Nichts geht mehr«, spüren Sie. Trotzdem wehren Sie sich gegen das drängende Schlafbedürfnis. Das ist verschwendete Zeit! Auch am nächsten Tag wird es leider um die Konzentration nicht besser bestellt sein. Sie werden die Nachwehen der letzten Nacht spüren, sich erschlagen und matt fühlen. Sobald Sie erste Anzeichen der Schläfrigkeit wahrnehmen, sollten Sie Ihren Schreibtisch verlassen und Ihrem Kopf eine kleine schöpferische Ruhepause gönnen.

Halten Sie sich an Ihre Schlaffenster, damit Sie tagsüber den richtigen Zeitpunkt für das Nickerchen finden (siehe Kapitel »Der richtige Zeitpunkt für das Nickerchen«). Sonst wird Sie das Nickerchen nicht fit und leistungsfähiger, sondern noch zerschlagener machen. Hören Sie auf Ihre innere Uhr! Es bringt nichts, sich völlig übermüdet zum Lernen zu zwingen. Quälen Sie sich nicht unnötig mit einem schlechten Gewissen, sondern gehen Sie in aller Seelenruhe ins Bett. Morgens werden Sie gestärkt aufwachen und mit frischer Kraft an die Arbeit gehen. Eine schnelle Auffassungsgabe ist Ihnen dann gewiss. Wenn Sie sich an die beschreibenen Regeln halten, wird Ihr Test bestimmt ein Erfolg!

Eine Faustregel: Alles, was Körper und Geist ohne Druck leisten, gelingt am einfachsten.

Steht die Prüfung etwa erst am späten Nachmittag an und es bleibt Ihnen noch Zeit, das Nachmittagstief durch ein Nickerchen zu überbrücken, verzichten Sie auf keinen Fall darauf. Durch positive Autosuggestion können Sie vor dem Schläfchen Einfluss auf den Verlauf der Prüfung nehmen. Sobald Sie sich in der Phase zum Einschlafen befinden, stellen Sie sich vor, wie die bevorstehende Situation im Idealfall ablaufen könnte.

Fit durch Powerschlaf

Als Powerschlaf bezeichnet man in der Forschung einen Schlaf, der gegenüber dem normalen Schlaf verkürzt ist, dabei aber mehr Kraft und Energie bringt.

Nachts weniger schlafen und gleichzeitig mehr Kraft und Zeit zur Verfügung haben. Träumte nicht jeder schon einmal von solch einem Powerschlaf? Es besteht durchaus die Möglichkeit, seinen Schlaf ohne Verlust der Leistungsfähigkeit zu verkürzen. Denn die Schlafarchitektur des Menschen ist sehr anpassungsfähig.

Die Theorie der achtstündigen Normalschlafdauer ist nach wissenschaftlichen Kenntnissen überholt. Verfügt man über kein sehr stark ausgeprägtes Schlafbedürfnis, kann man problemlos weniger und sogar effektiver schlafen. Und das Beste ist: Jeder Mensch kann den Powerschlaf leicht erlernen. Diese Form des Kurzschlafes ist nicht nur für erfolgreich arbeitende Manager und Geschäftsleute von Vorteil.

Die Schlafverkürzung bringt eine ernorme Zeitersparnis mit sich. Reduziert man seine tägliche Schlafdauer beispielsweise um nur zwei Stunden, gewinnt man in 70 Jahren etwa 50 000 Stunden. Trotzdem darf man aber nicht vergessen: Schlaf ist unverzichtbar. Er erfüllt lebenswichtige Funktionen.

Die Umstellung auf einen veränderten Schlafrhythmus sollte nur langsam erfolgen. Von Gewaltkuren ist in jedem Fall abzuraten, denn sie schaden unserem Wohlbefinden oft erheblich.

Deshalb sollte sich das Reduzieren der täglichen Schlafdauer in einem gewissen Rahmen bewegen. Ein nächtlicher Schlaf von fünf Stunden Dauer kann für manchen Erwachsenen schon ausreichend sein. Voraussetzung ist aber, dass er den Schlaf in andere Portionen aufteilt und tagsüber ein bis zwei Nickerchen hält. Versuche in Schlaflaboren ergaben, dass der Schlafanteil ohne unerfreuliche Nebenwirkungen jede Nacht um eine halbe Stunde verkürzt und bis auf wenige Stunden verringert werden kann. Aber es dauert mindestens eine Woche, bis sich der Körper auf einen um eine Stunde verkürzten Rhythmus umgestellt hat. Sobald »untrainierte« Menschen wieder so lange schlafen können, wie sie wollen, fallen die meisten jedoch erneut in ihre ursprüngliche Routine zurück.

Verkürzte Nachtruhe bei voller Tiefschlaflänge

Beim Kurzschlaf bekommt man zwar genug Tiefschlaf, aber leider zu wenig Traumschlaf. Welche Auswirkungen dieser Entzug auf Dauer für die Psyche hat, ist schwer messbar. Da der Organismus zudem für die Instandhaltung des Hormonhaushaltes pro Nacht etwa acht Stunden benötigt, halten manche Wissenschaftler eine Verkürzung auf fünf Stunden Schlaf über einen längeren Zeitraum bereits für leicht bedenklich. Menschen, die täglich weniger als vier Stunden schlafen, haben erwiesenermaßen oft eine geringere Lebenserwartung.

Permanenter Schlafentzug kann die Lebenserwartung deutlich reduzieren. Das ist wissenschaftlich eindeutig bewiesen.

SCHLAF IN RATEN

In der Schlafmedizin ist es bekannt, dass der Mensch sein Schlafsoll prinzipiell ohne Beeinträchtigungen in kleinen Raten abstottern kann. In einer Studie durften Versuchspersonen immer nur fünf Minuten schlafen und mussten im Anschluss wieder für 15 Minuten wach bleiben. Das sind sechs Stunden Schlaf über den Tag verteilt. Diese Leute kamen mühelos mit ihrem Schlafpensum über die Runden. Fazit: Es zählt weniger die Länge der einzelnen Schlafperioden als die Gesamtsumme der Schlafzeiten. Allerdings sind die Langzeitauswirkungen solch eines Verhaltens noch nicht überprüft worden.

Als Schuss nach hinten empfanden einige Versuchspersonen das Schlafverkürzungstraining: Ein Psychologieprofessor war nach einer Reduzierung seines Schlafes von acht auf fünfeinhalb Stunden völlig desorientiert und verwirrt. Mittlerweile schläft der Professor täglich bis zu zehn Stunden, arbeitet konzentrierter und hat das Gefühl, Zeit zu sparen, gerade weil er viel schläft.

Viele Menschen, die unter extremen Bedingungen arbeiten, müssen sich den notwendigen Schlaf portionsweise holen.

Allerdings ist für manche Berufsgruppen wie Feuerwehrleute, Polizisten oder Rettungssanitäter die Vorstellung von acht Stunden Schlaf täglich vollkommen utopisch. Sie sind oftmals gezwungen, für ungewöhnlich lange Zeitspannen wach und konzentriert zu bleiben.

Meist müssen diese Menschen unter extremen Bedingungen in einem begrenzten Zeitraum ein Maximum an verantwortungsvollen Aufgaben erfüllen. Um die Fülle der Schwierigkeiten zu meistern, lernen etwa Astronauten schon vor ihrer Mission, sich in kurzen Schlafphasen zu erholen und in jeder beliebigen Situation sofort einzuschlummern. Damit man trotz verkürzter Schlafphasen fit bleibt, hält man seinen Kurzschlaf am besten vorbeugend und nicht erst dann, wenn man übermüdet ist. Dadurch erreicht man den besten Erholungswert.

Weniger ist mehr

Ein zum richtigen Zeitpunkt gehaltenes Nickerchen gewährleistet für lange Zeit eine hohe Leistungsfähigkeit.

Man kann den Nachtschlaf sogar ohne Einschränkungen durch regelmäßige Nickerchen ersetzen, behaupten einige Forscher. Wenn alle über den Tag verteilten Schläfchen zusammengezählt werden, kommt man auf eine geringere Stundenzahl als bei einer normalen Nachtruhe. Man gewinnt Zeit, denn beim Powerschlaf gilt das Motto: »Weniger ist mehr«. Eine bestimmte Menge an Kurzschlaf besitzt in solchen Fällen einen viel größeren Erholungswert als das gleiche Quantum an Nachtschlaf. Das liegt daran, dass der Körper ausreichend Energie in der für die Regeneration entscheidenden Tiefschlafphase tankt. Das Nickerchen sorgt sozusagen immer wieder für einen raschen Neustart der Gehirntätigkeit, wie der Druck auf die Reset-Taste eines Computers.

Wenn Ihnen aber diese Ratschläge der Experten nicht behagen, schlagen Sie sie getrost in den Wind. Denn jeder Mensch benötigt sein individuelles Schlafpensum. Wenn man für sich selbst die beste Methode gefunden hat, sollte man sich deshalb nicht durch andere Ratschläge beirren lassen.

Wer seinen persönlichen Schlaf-Wach-Rhythmus gefunden hat, sollte möglichst auch dabei bleiben.

Powerschlafmethoden

Ungeheure Kräfte für eine begrenzte Zeitspanne, versprechen die von Experten erarbeiteten Powerschlafprogramme. Tatsächlich können wir unseren Schlaf gezielt steuern. Das ist hilfreich, um Stress auszuhalten und gleichzeitig bessere Leistungen zu erbringen. Die Kurzschlaftechniken sind allerdings solchen Menschen vorbehalten, die unter extremen Bedingungen arbeiten müssen. Ob Seele und Körper schadlos diese kurzen, aber heftigen Belastungstests verkraften, ist umstritten. Bewiesen ist nur, dass die einzelnen Methoden manche Menschen in kurzer Zeit zu Höchstleistungen beflügeln.

In den USA hat ein regelrechter Kurzschlafboom eingesetzt. Allerdings halten viele Mediziner nichts von den Powerschlafprogrammen, weil sie unserem biologischen Rhythmus nicht entsprechen. Unsere Gene und Hormone diktieren uns andere Gesetze. Sie verlangen, dass wir nachts schlafen und zusätzlich tagsüber ein bis mehrere Nickerchen einlegen. Kritiker bemängeln an den Turbonickerchen auch, dass die Traumphasen extrem verkürzt werden: Wer kürzer schläft, träumt weniger. Und Träume fördern die Intelligenz.

Gibt unser Kopf notgedrungen nur noch selten seine nächtlichen Theatervorstellungen, lösen sich bei uns nur mühsam verkrustete Denkmuster. Neue Strategien und Einfälle bleiben uns verwehrt. Bei nahezu allen Methoden warnen Schlafforscher davor, sie über einen längeren Zeitraum anzuwenden.

Großen Anstrengungen sind wir nicht gewachsen, wenn wir über einen längeren Zeitraum unser natürliches Bedürfnis nach Schlaf unterdrücken.

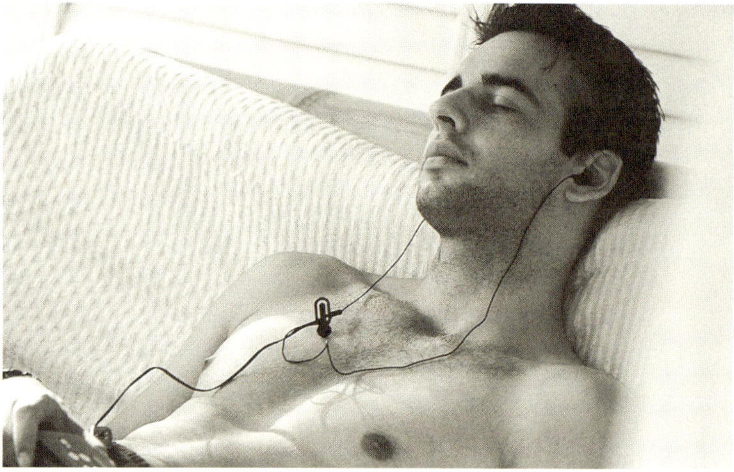

Einschlafen und schlafen mit Musik kann entspannend sein. Besonders zu empfehlen sind klassische Musik und sanfte Meditationsmusik.

Drei Konzepte für den Powerschlaf

Auch wenn Sie ein psychisch stabiler Charakter sind, sollten Sie die nachfolgenden Programme möglichst nur in Ausnahmefällen anwenden. Vielleicht stehen Sie unter großem Druck und müssen eine zeitaufwendige Aufgabe in kurzer Zeit lösen. Hören Sie dabei aber immer auf Ihre innere Stimme. Falls Ihnen die Schlafkonzepte körperlich nicht gut bekommen, lassen Sie sofort die Finger davon!

Voll im Trend – Schlafmanagement

Diese Methode dehnt den Tag in die Länge und zwackt dabei sogar eine kleine Portion Erholung ab. Beim Schlafmanagement verlängert man die Wachzeit, indem man immer wieder kurze Schlafzeiten einschiebt. In einem Experiment hat man diese Methode perfektioniert. Die Versuchspersonen schliefen sieben Minuten und waren im Anschluss 13 Minuten wach. Angeblich fühlt man sich danach frisch und leistungsfähig. Allerdings genügt nach so einer kurzen Schlafphase kein Wecker mehr. Der Müde muss kräftig wachgerüttelt werden.

Für Extreme – das Leonardo-da-Vinci-Prinzip

Ein Patentrezept für optimale Leistung glaubt ein Professor aus den USA gefunden zu haben: Mit gezielten Schläfchen zwischendurch will Claudio Stampi die Nacht verkürzen. Sein Vorbild ist der legendäre Wissenschaftler und Künstler Leonardo da Vinci. Glaubt man den Geschichten über das Genie, so konnte er rund um die Uhr kreativ arbeiten. Alle vier Stunden schob das Multitalent angeblich einen 15-minütigen Kurzschlaf ein. Auf diese Weise sparte er sich den Nachtschlaf und gewann in 67 Lebensjahren satte 20 Jahre an Zeitgewinn dazu. Nach Meinung des Professors reichen drei Stunden Schlaf aus, wenn die Einschlafzeiten richtig gewählt werden.

Das Da-Vinci-Prinzip empfiehlt sich für Normalsterbliche für eine Dauer von höchstens vier Wochen.

Stampis Schlafprogramm: Nach einer gewissen Umstellungszeit schläft man nachts von 1.30 bis 3.00 Uhr und tagsüber je eine halbe Stunde. Um 6.00, um 13.30 und um 18.30 Uhr schiebt man zusätzlich ein Schläfchen ein. Der Professor kam zu dem sensationellen Ergebnis: »Nach einer Eingewöhnungsphase arbeiteten meine Leute so gut wie nach einem Sieben-Stunden-Schlaf. Allerdings sollte man die Methode höchstens drei bis vier Wochen anwenden.«

Für Hartgesottene – Schlaf der Regattasegler

Für Menschen, die überraschend Höchstleistungen bringen müssen, ist diese Methode, die man Sportlern abgeschaut hat, interessant. Segler, die alleine ihr Schiff steuern, schlafen in sehr kurzen Perioden von einer bis höchstens zwei Stunden. Durchschnittlich gönnen sich die Seeleute pro 24-Stunden-Intervall etwa sechs Stunden Schlaf.

Wenn's um Höchstleistungen geht, lässt sich der Schlaf auch über längere Zeiträume in kleine Häppchen aufteilen.

Mittlerweile ist wissenschaftlich bewiesen, dass diese Technik vieler kurzer Ruhepausen es den Betroffenen ermöglicht, über einen sehr langen Zeitraum wach und konzentriert zu bleiben. Und zwar auch in schwierigen Situationen, die eine ungewöhnlich große Geistesgegenwart erfordern.

Schlafstörungen – Was hemmt den Schlaf?

Das hektische Treiben unserer Zeit führt bei vielen Menschen zu Schlafstörungen.

Wer sich Nacht für Nacht ruhelos im Bett herumwälzt, ist nicht alleine. Denn in den Industriestaaten wird jeder Dritte vom Nachtgespenst Schlaflosigkeit um seine Lebensfreude gebracht. Jeder Zehnte muss sogar vom Arzt behandelt werden. Das Heer der Ruhelosen schleppt sich lustlos durch den Tag, fühlt sich gerädert, gereizt und schlichtweg krank. Ihnen fehlen die heilenden Kräfte des Schlafes.

Erholsamer Schlaf ist erlernbar

Schlafstörungen haben meist vielfältige Ursachen. Sie können von falscher Ernährung, ungelösten Problemen und Kummer bis zu so einfachen Dingen wie der falschen Beleuchtung im Schlafzimmer reichen.

Allerdings muss man vorher die Gründe für seine nächtliche Ruhestörung herausfinden. Schlafstörungen weisen vielfältige Ursachen auf. Das reicht von persönlichen Problemen über den Einsatz von Schlafmitteln bis hin zum falschen Essverhalten. Nur in wenigen Fällen hat die gestörte Nachtruhe körperlich bedingte Ursachen. Schlaflosigkeit beginnt im Kopf. Die Psyche spielt eine wichtige Rolle, denn Schlaf hängt sehr stark von unserer inneren Ruhe ab. Oft verhindern Stress, Sorgen oder Reizüberflutung im Alltag die lebenswichtige Nachtruhe. Wir können uns oft nicht mehr gehen lassen und den Schlaf geduldig erwarten. Zunächst einmal muss abgeklärt werden, ob man tatsächlich unter einer echten Schlafstörung leidet oder sich nur vorübergehend in einer unruhigen Phase befindet. Jeder gesunde Mensch durchlebt mal eine oder mehrere schlechte Nächte. Das ist völlig normal und schadet uns auch nicht.

Einschlafprobleme

Wer nachts wach liegt, grübelt und seine Alltagsprobleme wälzt, schafft es nicht, abzuschalten. Dahinter kann sich Liebeskummer genauso wie die schlechte Note in einer Prüfung oder das sorgenvolle Herumschlagen mit einem ernsten Lebensproblem verbergen.

FORMEN DES GESTÖRTEN SCHLAFES

- *Verzögertes Einschlafen*
- *Durchschlafstörungen*
- *Verringerte Schlaftiefe*
- *Vorzeitiges Erwachen*
- *Gestörter Traumschlaf*

Der Schlaf reagiert sehr empfindlich und störanfällig auf unsere aufgewühlte Gefühlswelt.

Der Schlaf ist ein Barometer unseres psychischen Zustandes. Sobald sich die Lebenssituation wieder ändert und normal wird, stellt sich der ungestörte Schlummer häufig wieder ein.
Soche Schlafstörungen sind situationsbedingt. Sie treten als Reaktion auf einschneidende Erlebnisse, wie eine Scheidung oder einen Unfall, auf und sind völlig normal. Es wäre illusorisch, auch in Krisenzeiten einen erholsamen Schlaf zu erwarten. Schatten- wie auch Sonnenseiten gehören ganz einfach zu unserem Leben wie das Salz zum Meer. Mit dieser Binsenweisheit kann übrigens auch unser Körper gut umgehen. Er holt sich einen Teil der verlorenen Nachtruhe wieder zurück.
Gelegentliche Schlaflosigkeit braucht deshalb noch kein Anlass zur Sorge sein. Wenn aber die wachen Nächte nicht mehr enden wollen und damit die Schlafstörung chronisch wird, ist auf jeden Fall ärztliche Hilfe angezeigt.

Eingebildete und reale Schlafstörungen

Schlafwahrnehmungsstörungen sind meistens mit einer ängstlichen und depressiven Grundstimmung verbunden.

In Schlaflaboren haben Forscher nachgewiesen, dass Menschen, die über zu wenig Nachtruhe klagen, in Wirklichkeit oft genug schlummerten. Tatsächlich war nur bei rund 30 Prozent der Personen das Schlaferleben gestört. Das Gefühl, fast die ganze Nacht nicht geschlafen zu haben, entsteht meist durch einen von vielen Unterbrechungen gestörten Schlaf. In der Erinnerung bleiben nicht die langen Stunden, die wir tief geschlummert haben, sondern die kurzen Wachphasen, die oft von trüben Gedanken beherrscht werden.
Eine ernsthafte, reale Schlafstörung liegt dagegen bei Menschen vor, die ständig länger als eine halbe Stunde wach liegen, bevor sie einschlafen können, gleichzeitig gegen ihr eigenes Bedürfnis und ihre Gewohnheit weniger als sechs Stunden Schlaf abbekommen und in der Nacht mindestens zweimal für längere Zeit erwachen. Von einer Schlafstörung geht man auch aus, wenn Menschen nach kurzer Schlafdauer allmorgendlich ab etwa vier Uhr nicht wieder einschlafen können.
Wer sich trotz dieser Umstände fit und gesund fühlt, gehört zu der Spezies Mensch, die nur sehr wenig Schlaf brauchen.

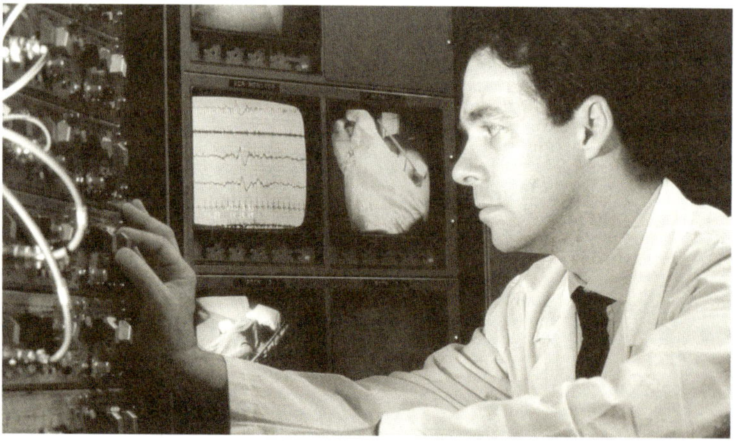

Die Schlafforschung untersucht die verschiedenen Schlafstörungen mit modernsten Methoden.

FAKTEN ZUR SCHLAFLOSIGKEIT

- → *Insgesamt haben jüngere Menschen am wenigsten und ältere am häufigsten mit Schlafproblemen zu kämpfen.*
- → *Verheiratete schlafen besser als Ledige.*
- → *Männer und Frauen leiden bis Mitte 40 gleichermaßen unter Schlafstörungen. Erst danach nehmen diese Probleme bei Frauen sprunghaft zu, was unter anderem mit den hormonellen Schwankungen (Wechseljahre) zusammenhängt. Männer klagen hingegen meist erst ab 60 Jahren über schlimmere Schlafprobleme.*
- → *Frauen und Männer, die ihre Berufstätigkeit als befriedigend erleben, leiden seltener unter Schlafproblemen.*

Vom Schäfchenzählen bis hin zu Schlafmitteln

Die zahlreichen Versuche der Übernächtigten, mehr Schlaf zu finden, reichen weit. Oft resignieren die Betroffenen und glauben, der Schlaflosigkeit hilflos ausgeliefert zu sein.

Um Schlaflosigkeit effektiv bekämpfen zu können, ist es erst einmal wichtig, nach ihren Ursachen zu fahnden.

Natürlich gibt es keine Patentrezepte oder Wundermittel. Aber in den meisten Fällen hilft es, zunächst einmal die Ursachen für eine Schlafstörung herauszufinden und daraufhin die richtige Einstellung zum Schlaf zu entwickeln. Und: Um wieder zu erholsamen Nachtstunden zu finden, müssen Sie Geduld und Ausdauer beweisen.

Vergessen Sie dabei nie: Selbsterkenntnis ist der beste Weg zur Besserung. Verlieren Sie nicht den Mut! Das wird sich mit Sicherheit auszahlen. Schlechter Schlaf ist kein Schicksal.

Wenn Sie unter ernsthaften Schlafstörungen leiden und diese bereits länger erfolglos behandeln, kann Ihnen möglicherweise in einem speziellen Schlaflabor geholfen werden. Im nebenstehenden Kasten erfahren Sie, wie Sie das für Sie geeignete Institut finden.

HILFE IM NOTFALL

Menschen, die an Schlafstörungen leiden, sollten sich an Spezialisten wenden. Denn Schlafstörungen setzen sich oftmals aus vielerlei verschiedenen Ursachen zusammen. Alleine in Deutschland gibt es über 100 Schlaflaboratorien, in denen eine sichere Diagnose gestellt werden kann. Alle Adressen sowie Kontakte zu Selbsthilfegruppen erfahren Sie bei der Deutschen Gesellschaft für Schlafforschung und Schlafmedizin e.V., DGSM-Sekretariat, Hephata-Klinik, Schimmelpfengstraße 2, 34613 Schwalmstadt-Treysa (gegen Einsendung eines frankierten DIN-A5-Umschlages).

Ein Test: Finden Sie genug Schlaf?

Der nebenstehende Test zum Thema Schlafstörungen hilft Ihnen dabei, Ihre eventuell vorhandenen Probleme zu klären.

Bitte beantworten Sie jede der folgenden Fragen eindeutig mit Ja oder Nein, auch wenn Sie gern »Na ja« oder »Jein« sagen würden. Machen Sie sich einfach für jedes »Ja« einen Strich auf einen Zettel.

➜ Kommt es immer wieder vor, dass Sie morgens den Wecker nicht hören?

➜ Schlafen Sie morgens häufig wieder ein, nachdem Sie den Wecker abgestellt haben?

➜ Kämpfen Sie bei längeren Fahrten auf der Autobahn mit dem Schlaf, obwohl es nicht mitten in der Nacht ist?

➜ Wachen Sie in den frühen Morgenstunden auf und grübeln dann über Probleme?

➜ Kommen Sie morgens oder nach dem Mittagessen nur mit mehreren Tassen Kaffee oder Tee wieder in Gang?

➜ Sind Sie schon öfter im Kino oder im Theater eingeschlafen?

→ Fühlen Sie sich die meiste Zeit eher schlecht gelaunt oder deprimiert?
→ Schlafen Sie abends vor dem Fernseher grundsätzlich ein, auch wenn der Film gerade spannend ist?
→ Schnarchen Sie?
→ Halten Sie auf Bahn- oder Flugreisen regelmäßig ein Nickerchen?
→ Lesen Sie in Ihrer Bettlektüre schon seit Tagen am selben Kapitel?
→ Schlafen Sie im Urlaub deutlich länger als sonst?
→ Würden Sie nach einem Glas Wein oder Bier am liebsten gleich ins Bett gehen?
→ Tun Sie sich schwer damit und ist es für Sie eine große Überwindung, abends noch Gäste einzuladen?

Auswertung

Bis zu viermal Ja: Offenbar wird Ihr individueller Schlafbedarf befriedigt. Da spielt es auch keine Rolle, wenn Sie mal nicht so gut einschlafen können.
Fünf- bis neunmal Ja: Sie haben ein Schlafdefizit. Gehen Sie eine Woche lang eine Stunde früher als sonst ins Bett, und wiederholen Sie diesen Test dann noch einmal.
Ab zehnmal Ja: Wenn Ihre Müdigkeit nicht auf eindeutig erklärbaren Ursachen beruht (wie Schichtarbeit oder Lärm), sollten Sie einen Arzt aufsuchen.

Wenn Sie fast alle der Testfragen ehrlich bejahen mussten, sollten Sie sich Gedanken über Ihre Gesundheit machen.

Psychische Ursachen für Schlafstörung

»Denn wo die Sorge haust, lässt sich der Schlaf nicht nieder«, wusste bereits Shakespeare. Nachts versammeln sich oft ungebetene Gäste an unseren Betten. Sie heißen Stress, Angst und Probleme und zählen zu den Hauptverursachern der Schlaf-

störungen. In der Dunkelheit rumoren peinigende Gedanken in unseren Köpfen. Überforderung am Arbeitsplatz, Konflikte mit dem Partner, Angst vor Einsamkeit und Tod und tausenderlei andere Kümmernisse führen zu gestörtem Schlaf.
Probleme, Kummer und Angst treiben die Körperfunktionen auf Hochtouren. Am häufigsten von allen Faktoren raubt uns dabei die Angst den Schlaf; dieses Gefühl des Bedrohtseins hat erschreckend viele Gesichter und verschiedenste Ursachen. In vielen Fällen spielen Trennungs- und Zukunftsängste eine entscheidende Rolle. Uns hält aber auch die Furcht vor Krankheit, vor anderen Menschen und sonstigem Lebensversagen hellwach. Meistens schließt sich daran noch die Angst vor der nächsten schlaflosen Nacht an. Man nennt sie »Bettangst« (siehe Kapitel »Insomnien«). Wenn der Abend naht, geraten die Betroffenen bereits in Panik und ahnen: Diese Nacht wird wieder die Hölle werden. Der Körper befindet sich in Alarmbereitschaft, die Psyche liegt angespannt auf der Lauer und signalisiert: Achtung, Gefahr!

Alpträume und bohrende Gedanken

Besonders häufig leiden sehr sensible und leicht erregbare Menschen unter Ängsten. Erholsamen Schlaf finden sie in der Regel erst wieder, wenn sie ihren Kummer bewältigt haben.

Menschen, die stark unter Ängsten leiden, schaffen es oft nicht, den Kreislauf ihrer bohrenden Gedanken zu durchbrechen. Nacht für Nacht brüten sie über ihren Sorgen und suchen vergeblich nach Lösungen. Das können aufwühlende Erlebnisse vom Tage oder lange zurückliegende unbewältigte Konflikte sein. Sinken sie endlich erschöpft in die Kissen, folgt meist ein unruhiger und durch Alpträume gestörter Schlaf. Mitten in der Nacht schrecken sie plötzlich hoch und werden von ihren eigenen Schreien geweckt. Die Angst frisst den Schlaf förmlich auf. Solche Zustände äußern sich in Herzrasen, Schweißausbrüchen, Nervosität, Kopf- oder Magenschmerzen.

Maßnahmenkatalog gegen die Angst

»Ängstliche Menschen sind schlechte Schläfer und vertrauensvolle Menschen gute Schläfer«, heißt es unter Schlafforschern. Vielleicht gelingt es Ihnen, mit folgenden Maßnahmen das verloren gegangene Vertrauen langsam zurückzugewinnen.

→ Die Todesangst ist der verborgene Ursprung unzähliger Schlafstörungen. Deshalb machen Sie sich immer wieder bewusst: Schlaf ist nichts Negatives, er bedeutet Leben.

→ Klagen Sie nicht ständig über Ihren Schlafmangel. Machen Sie dieses Problem nicht länger zum Mittelpunkt Ihres Lebens. Versuchen Sie, sich wieder für andere Dinge zu interessieren. Lesen Sie beispielsweise ein schönes Buch, oder besuchen Sie eine Ausstellung. Indem Sie Ihren Schlaf als negativ bewerten, tun Sie sich keinen Gefallen. Sie müssen lernen, Ihrer Müdigkeit mit Gelassenheit zu begegnen.

Es nützt nichts, Schlaflosigkeit zu dramatisieren. Es gibt keine totale Schlaflosigkeit. Der Körper holt sich immer das Mindestmaß an Schlaf, das er zum Überleben braucht.

→ Korrigieren Sie Ihre falsche Einstellung zum Schlaf. Mit dem Schlaf verhält es sich wie mit der Liebe. Erst, wenn man aufhört ihn heftig herbeizusehnen, kommt er.

Halten Sie sich folgendes Sprichwort vor Augen, und wiederholen Sie es kurz vorm Schlafengehen: »Der Schlaf ist wie eine Taube. Streckt man ihr ruhig die Hand hin, setzt sie sich drauf, greift man jedoch nach ihr, dann fliegt sie fort.«

→ Gegen »Bettangst« empfehlen Schlafforscher eine ungewöhnliche Therapie. Der Betroffene soll den Vorsatz fassen, in der Nacht wach zu bleiben. Legen Sie sich enspannt hin und sagen Sie sich: Heute Nacht will ich nicht schlafen. Ich möchte bloß ruhen und an etwas Schönes denken. Die Überzeugung, sowieso nicht schlafen zu können, erlöst Sie von Ihrer Angst. Das Einschlafen ist garantiert.

→ Hilfreich ist eine Selbstbehandlung durch Entspannungstraining und Autosuggestion. In besonders schwierigen und hartnäckigen Fällen nutzt allerdings nur eine Psychotherapie, um tieferliegende Ängste zu lösen.

Stress ist der größte Feind des gesunden Schlafes.

Der Stress

Beim Stress handelt es sich um eine der Hauptplagen unserer Zeit. Bereits unsere Schulkinder leben mit vollgestopften Terminkalendern. Leistungsdruck, das Verlangen nach Anerkennung und Konkurrenzkampf beherrschen unser modernes Berufsleben. Auch nach der Arbeit endet diese Hetze oftmals nicht. Viele begeben sich in den so genannten Freizeitstress und füllen jede freie Minute mit Aktivität. Obendrein kommt noch der private Stress mit Freunden oder der Familie dazu – und das Maß ist voll! Der Kopf schafft es nicht mehr, nachts abzuschalten. Die Schlaflosigkeit hat uns gepackt.

Stress ist oft ein Ausdruck tief verborgener Ängste. Durch seine Einwirkung verändern sich nachweislich unsere Körperfunktionen. Der Stoffwechsel beschleunigt sich, Blutdruck und Blutzucker steigen an. Ständiger Stress kann Krankheiten wie Herz-Kreislauf-Beschwerden, Magengeschwüre oder Stoffwechselstörungen nach sich ziehen. Innerlich fühlt man sich erregt, nervös und überdreht. In dieser Verfassung können einen schon Kleinigkeiten auf die Palme bringen. Kein Wunder, dass man in so einem erregten Zustand nicht schlafen kann. Solange der Stress allerdings nicht überhand nimmt und auf jede Anspannung auch wieder Entspannung folgt, schadet er uns überhaupt nicht.

Bei Stress ist der Körper in ständiger Alarmbereitschaft. Der Körper kann dadurch dauerhaft aus dem Gleichgewicht geraten. Krankheiten sind die Folge.

Im Gegenteil: Eine gesunde Portion Stress kann man durchaus, wie das Salz in der Suppe, als Würze des Lebens betrachten. Nur zuviel davon versalzt sie.

MIT DEN ZÄHNEN KNIRSCHEN

Stress ist oft ein Zeichen für unterdrückte Aggressionen. Viele Menschen knirschen nachts mit den Zähnen, und dies häufig in Zeiten besonderer Belastung. Neben Schmerzen im Kiefer entstehen oft Schäden am Zahnschmelz. In schlimmen Fällen wirkt man mit einer nächtlich eingesetzten Zahnspange aus Kunststoff dem unerwünschten Mahlen der Zähne entgegen.

Maßnahmenkatalog gegen Stress

Beobachten Sie sich selbst, und stellen Sie sich dann die Frage: Welche Situationen lösen besondere Anspannung bei mir aus? Versuchen Sie Ihre individuellen Stressauslöser zu entlarven! Das kann Ihnen helfen, unnötige Belastungen zu erkennen und beim nächsten Mal zu vermeiden.

→ Zum Thema Stressbewältigung werden viele Kurse, beispielsweise an Volkshochschulen und in Gesundheitszentren, angeboten. Dort findet man auch praktische Übungen zum Umgang mit belastenden Situationen. Erkundigen Sie sich auch bei Ihrer Krankenkasse nach Angeboten.

Lernen Sie autogenes Training oder andere Entspannungstechniken, um den Stress abzubauen. Es lohnt sich bestimmt.

→ Sind Sie auch davon überzeugt, dass die äußeren Umstände an Ihrem Stress schuld sind? Dann müssen Sie möglichst rasch wieder lernen, selbst Verantwortung für Ihr Leben zu übernehmen. Denn viele äußeren Gegebenheiten haben wir uns selbst ausgesucht oder sogar gewünscht. Stress wird demzufolge oft selbst geschaffen. Es liegt also auch in unserer Hand, dies wieder zu ändern. Machen Sie sich das bewusst. Sie werden sich wie befreit fühlen!

→ Wir müssen wieder lernen, auszuspannen. Verplanen Sie nicht auch noch Ihre Feierabende und Wochenenden. Nehmen Sie sich bewusst nichts vor. Spannen Sie einfach aus!

Ärger und Traurigkeit

Negative Gefühle und Gedanken lassen viele Menschen auch nachts nicht zur Ruhe kommen.

Wahres Gift für den Schlaf ist auch der Ärger. Zu diesem Gefühl gesellt sich gerne noch die Traurigkeit. Alleine 65 Prozent der Schlafgestörten klagen über sexuelle, emotionale und soziale Frustration. Manchem schlägt beispielsweise die Wut auf den Chef einfach zentnerschwer auf den Magen. Dem anderen sitzen Eifersucht, Verbitterung, Unzufriedenheit oder Kummer im Nacken. Nachts liegt man ruhelos wach und bringt das quälende Gedankenkarussel nicht zum Stehen. Unsere ganze Vorstellungswelt taucht in düstere Farben ein. Man fühlt sich ausgeliefert und quält sich oft zusätzlich mit Selbstvorwürfen. Und am nächsten Tag wird es auch nicht besser, denn der Übernächtigte fühlt sich geistig leer, matt und unausgeruht.

PSYCHISCHE KRANKHEITEN

Rund 70 Prozent aller psychisch Kranken klagen über Schlaflosigkeit. Besonders betroffen sind Menschen, die an Depressionen und Manien leiden. Schlafstörungen sind aber auch Begleitsymptom bei Schizophrenie, Phobien oder Angststörungen. Menschen mit Depressionen erleben den für die Erholung so wichtigen Tiefschlaf nur verkürzt. Zudem leiden Depressive häufig unter Alpträumen, die ihre Puls- und Herzfrequenz in die Höhe treiben. Wenn sie aufwachen, grübeln sie oft bis in die frühen Morgenstunden und liegen noch lange wach. Depressive Patienten werden oft mit Schlafentzug behandelt. Schon eine durchwachte Nacht wirkt bei vielen Wunder, da der Schlafdruck am nächsten Abend so groß ist, dass es ihnen gelingt durchzuschlafen.

Maßnahmenkatalog gegen Ärger und Traurigkeit

Traurigkeit und Melancholie tragen zu Schlafproblemen bei.

Ein Mensch, der sich oft ärgert, sollte sich selbst nicht so wichtig nehmen. Er will meist mit dem Kopf durch die Wand und sieht vor lauter Bäumen den Wald nicht mehr. »Ärger ist Egoismus«, lautet ein orientalisches Sprichwort. Versuchen Sie den Dingen, auch wenn es schwer fällt, einen humorvollen Aspekt abzugewinnen.

- Egal, ob Sie von Ärger oder Traurigkeit geplagt werden, bemühen Sie sich um positives Denken. Streben Sie eine fröhliche Gelassenheit an. Mit gezielten Methoden können Sie lernen, Ihre seelischen Belastungen besser zu bewältigen. Kurse zum Thema »Positiv Denken« werden oft an den Volkshochschulen angeboten.
- Lernen Sie, offen Ihre Gefühle zu zeigen! Fressen Sie Frust und Ärger nicht still in sich hinein.
- Denken Sie jeden Abend vor dem Einschlafen bewusst an etwas Schönes. Dabei kann es sich ruhig um Kleinigkeiten handeln, etwa um einen duftenden Blumenstrauß, das Lächeln Ihres Kindes oder das Lob des Chefs.
- Grübeln Sie nicht ständig über die Sorgen anderer Menschen. Gewöhnen Sie sich sprichwörtlich ab, einen fremden Schuh anzuziehen. Er passt Ihnen sowieso nicht.
- Räumen Sie Misserfolgen und Enttäuschungen einen nicht zu hohen Stellenwert ein. Sie bleiben keinem von uns erspart. Untersuchen Sie diese Erlebnisse aber nach der Bedeutung für Ihr Leben. Je rationaler Sie eine Enttäuschung verarbeiten, desto mehr lässt Ihre innere Anspannung nach.
- Vermeiden Sie unnötige Konflikte im Alltag, und seien Sie kompromissbereit. Weichen Sie aber Reibereien nicht aus, wenn sich der Einsatz aus Ihrer Sicht lohnt.

Positives Denken und eine natürliche Gelassenheit sind gute Voraussetzungen für einen gesunden und tiefen Schlaf.

Organische Gründe

Schlaflosigkeit ist oftmals auch ein Anzeichen für eine organische Krankheit.

Fiebrig und schweißgebadet wälzt sich der Kranke in seinem Bett von einer Seite auf die andere. Sein unruhiger Schlaf wird immer wieder von Wachphasen durchbrochen. Nach einigen Nächten geht es ihm endlich wieder besser, und der Schlafgott Morpheus wiegt den Genesenden sanft in seinen Armen. Das hat sicher schon jeder erlebt. Denn kurzfristig kann sich beinahe jede Beeinträchtigung unseres Körpers negativ auf den Schlaf auswirken. Im Folgenden nennen wir Ihnen einige typische Erkrankungen, die besonders häufig Schlafstörungen nach sich ziehen.

Von einer Selbstbehandlung ist bei vielen organischen Problemen dringend abzuraten. Ärztliche Hilfe ist in den meisten Fällen unerlässlich.

Krankheiten, die den Schlaf rauben

→ Infektionskrankheiten: Dazu gehören unter anderem grippale Infekte oder Magen-Darm-Erkrankungen.

→ Schmerzen: Generell beeinträchtigen Schmerzen unseren Schlaf. Wer beispielsweise an Neuralgien (Nervenschmerzen), Polyarthritis, Nierenversagen oder Gicht leidet, kennt bestimmt die damit verbundenen nächtlichen Qualen.

→ Atemwegserkrankungen: Dazu gehören unter anderem Asthma, Schnupfen, verschleimte Bronchien, Lungenkrankheiten und Schlafapnoen. Bei letzteren handelt es sich um einen kurzen Atemstillstand. Von Apnoen werden oft stark schnarchende Männer über 40 mit einem hohen Blutdruck befallen.

Gefäßbedingte Migräneanfälle und Kopfschmerzen zählen zu jenen Beschwerden, die Ihren Schlaf behindern können.

→ Herz-, Kreislauf- und Gefäßerkrankungen: Angina pectoris, Herzmuskelerkrankungen, Herzrhythmusstörungen, zu niedriger oder zu hoher Blutdruck, Arteriosklerose sowie gefäßbedingte Kopfschmerzen und Migräne können den Schlaf erheblich behindern.

→ Rheumatismus: Weichteil- und Gelenkrheumatismus halten uns nachts oft wach.

Rheumatische und Verdauungsbeschwerden halten viele Menschen auch nachts wach.

→ Verdauungs- und Stoffwechselbeschwerden: Dazu gehören unter anderem Verstopfung, Blähungen, Zuckerkrankheit sowie Magen- und Zwölffingerdarmgeschwüre, die Völlegefühle und Sodbrennen auslösen.

→ Drüsenprobleme: Die Schilddrüse macht uns nachts oft zu schaffen.

→ Erkrankungen an der Leber: Leberzirrhose oder Leberfunktionsstörungen führen oft zu starkem nächtlichen Juckreiz.

→ Typisches Männerleiden: Bei Männern über 50 führt eine Prostatavergrößerung oft zu vermehrtem Harndrang. Der Schlaf wird häufig mehrmals in der Nacht unterbrochen.

→ Typische Frauenleiden: Das Prämenstruelle Syndrom (PMS) hält viele Frauen regelmäßig etwa eine Woche vor der Regelblutung wach. Es kommt zu seelischen Verstimmungen. Bei Beginn der Menstruation vergehen die Beschwerden wieder.

30 bis 50 Prozent aller Frauen zwischen 20 und 50 Jahren leiden am Prämenstruellen Syndrom.

Auch Schwangere finden oftmals keinen erholsamen Schlaf. In den ersten Monaten ist dies häufig psychisch begründet, denn Ängste und Unsicherheiten rauben so mancher werdenden Mutter die Gelassenheit. Im letzten Drittel der Schwangerschaft kommt es zu einer beeinträchtigten Zwerchfellatmung, die das Durchschlafen oft verhindert.

Im Alter zwischen 45 und 55 Jahren setzen meist die Wechseljahre ein. In dieser Lebensphase verdoppeln sich die Schlafstörungen. Selbstzweifel und die Angst vor dem vermeintlichen Verlust der Attraktivität sind dafür verantwortlich.

HORMONE

Erholsamer Schlaf wird maßgeblich durch unsere Hormone bestimmt. Sie regulieren unseren Schlaf-Wach-Rhythmus. Einige haben eine schlaffördernde, andere eine schlafhemmende Wirkung. Zu den Wachhormonen zählen Adrenalin und Kortisol, die auch als Stresshormone bezeichnet werden. Morgens ist ihre Konzentration am höchsten, und normalerweise nimmt sie gegen Nachmittag wieder ab. Nachts befinden sich in der Regel kaum noch Stresshormone im Körper – außer der Hormonhaushalt gerät durch starke Aufregung oder organisch bedingte Krankheit ins Schwanken.

Kleiner Maßnahmenkatalog

Eine Selbstbehandlung bei Schlafstörungen ist in den folgenden Fällen möglich. Sollten die Schlafstörungen trotzdem länger anhalten, empfiehlt es sich, einen Arzt aufzusuchen.

→ Bei niedrigem Blutdruck kann der Betroffene den nächtlichen Wachphasen entgegenwirken, indem er vor dem Schlafengehen ein anregendes Mittel einnimmt. Eine Tasse Kaffee am Abend kann in diesem speziellen Fall – aber nur dann – Wunder wirken.

Falls der Wadenkrampf Sie bereits gepackt hat, strecken Sie Ihr Bein, und ziehen Sie die große Zehe zum Körper heran.

→ Nächtliche Wadenkrämpfe bekämpft man in vielen Fällen erfolgreich mit den Mineralien Magnesium und Eisen.

→ Wenn Sie nachts Gastritis oder ein Magengeschwür plagen, hilft ein Glas warmer Milch wieder beim Einschlafen.

→ Die richtige Atemtechnik erweist sich bei Atemwegserkrankungen wie Asthma oder Bronchitis als große Hilfe. In Volkshochschulen werden entsprechende Kurse angeboten.

→ Bei Schlafapnoe und anderen Krankheiten, die durch zu hohes Gewicht bedingt sind, ist es sinnvoll abzunehmen.

Medikamente und Alkohol

Rund vier Millionen Bundesbürger schlucken Abend für Abend Schlaf- und Aufputschmittel. Viele greifen auch zu einem Schlummertrunk, um der gestörten Nachtruhe Herr zu werden. Doch ein solches Verhalten führt häufig in einen fatalen Teufelskreis der Sucht. Man wird abhängig von den seelischen Krücken und leidet noch extremer als vorher an der peinigenden Schlaflosigkeit.

Im Mittelalter lutschten die Hofdamen an einem Wattebausch, der mit betäubenden Substanzen wie Alkohol und Mohnsaft getränkt war, um Schlaflosigkeit zu bekämpfen.

Schlechte Lebensgewohnheiten

Oft schädigen die Menschen aus Unwissenheit ihren Körper. Ahnungslos schlucken sie Medikamente, ohne deren Nebenwirkungen genau zu kennen. Sie trinken Alkohol oder nehmen Aufputschmittel zu sich und wissen nicht, welchen großen Belastungen Sie ihren Organismus dabei aussetzen. Schon die Tasse Kaffee am Abend kann manchem den Schlaf rauben. Am besten achtet man bereits am Nachmittag auf einen eingeschränkten Kaffeekonsum. Hilfreich ist das schwarze Gebräu in kleinen Mengen jedoch bei Blutunterdruck.

Manche Menschen reagieren besonders sensibel auf Koffein und brauchen zwölf bis 24 Stunden, um ein Tässchen Kaffee zu verarbeiten.

Trotz der teilweise gravierenden Nebenwirkungen ist die Einnahme von Schlafmitteln weit verbreitet, obwohl es kein Medikament gibt, das eine natürliche Nachtruhe hervorrufen kann. Der künstlich herbeigeführte Schlaf gleicht eher einem narkotisierten Zustand. Außerdem bringen die chemischen Seelentröster den Schlaf-Wach-Rhythmus durcheinander und verstärken nach anfänglicher Besserung die Schlafstörungen.

»Könnte man alle Schlafmittel verbieten, gäbe es um die Hälfte weniger Schlaflose«, behaupten einige Schlafmediziner. Trotzdem darf man diese Medikamente nicht ganz verteufeln. In Notfällen, z. B. nach einem seelischen Schock oder schwerer Krankheit, kann ein Schlafmittel kurzfristig sehr nützlich sein. Allerdings nur beschränkt auf einen kurzen Zeitraum!

VERSTECKTE WACHMACHER

Schlafstörungen treten häufig nach dem Konsum von Substanzen auf, die auf das Nervensystem einwirken. Dazu gehört unter anderem Koffein. Es verbirgt sich nicht nur in Kaffee, sondern auch in geringerer Konzentration in schwarzem oder grünem Tee sowie im südamerikanischen Matetee und in Kakao und Cola. Auch Nikotin zählt zu den stimulierenden Mitteln. Raucher liegen nachts erwiesenermaßen länger wach als Nichtraucher.

Medikamente und ihre Nebenwirkungen

Schlafmittel enthalten eine Reihe von Wirksubstanzen, die zu schweren Nebenwirkungen führen können.

Eine große Anzahl von Arzneimitteln enthält Wirkstoffe, die während ihrer Einnahme oder nach dem Absetzen Schlafstörungen hervorrufen können. Allerdings würde es den Rahmen dieses Buches bei weitem sprengen, diese Mittel alle aufzulisten. Deshalb wird hier nur auf die wichtigsten und gängigsten Wirksubstanzen verwiesen, die während der Einnahme oder nach dem Absetzen Schlaflosigkeit zur Folge haben können.

Barbiturate oder Benzodiazepine

Vor allem Schmerz-, Schlaf- und Beruhigungsmittel, in denen Barbiturate oder Benzodiazepine enthalten sind, stören den Traum- und den Tiefschlaf. Sie bergen außerdem eine hohe Suchtgefahr in sich. Wegen ihrer gefährlichen Nebenwirkungen machen die Barbiturate heute nur noch zehn Prozent der eingenommenen Mittel aus. Bei Überdosierung können sie sogar tödlich wirken. Obwohl die Benzodiazepine nicht viel ungefährlicher sind, findet man sie heute in den meisten Schlaf- und

Beruhigungsmitteln. Beiden Arzneigruppen ist eigen, dass sie nur zu Beginn ihrer Einnahme eine Linderung herbeiführen. Dadurch sehen sich viele Schlafgestörte später genötigt, die Dosis zu steigern. Doch das führt geradewegs in die Abhängigkeit. Nach Absetzen der Medikamente verschlimmert sich oft die Schlaflosigkeit.

Weckamine und Psychostimulanzien

Ebenso lösen Weckamine und Psychostimulanzien, die in Aufputschmitteln und Appetitzüglern enthalten sind, schwere Ein- und Durchschlafstörungen aus. Dazu gehören Amphetamine und ihnen ähnliche Verbindungen. Oft enthalten vermeintlich harmlose Schmerz- und Grippemittel aufputschende Substanzen. Die darin enthaltenen Wirkstoffe Thesophyllin und Ephedrin weisen eine chemische Verwandtschaft zum Koffein auf.

ACHTUNG BEI EINNAHME VON SCHLAFMITTELN

- *Nur bei behandlungsbedürftigen Schlafstörungen sollten Sie, in Absprache mit Ihrem Arzt, zu Medikamenten greifen.*
- *Die Einnahmezeit sollte den Zeitraum von sechs bis acht Wochen nicht überschreiten.*
- *Greifen Sie nie vorsorglich zu Schlafmitteln. Die Seelentröster bringen unseren biologischen Rhythmus durcheinander.*
- *Wenn Sie Schlafmittel einnehmen, sollten Sie unbedingt auf Alkohol verzichten.*
- *Nehmen Sie nie ein unbekanntes Mittel ein, dessen Zusammensetzung Sie nicht kennen.*

Barbiturate und Benzodiazepine gehören zu den gefährlichsten Wirkstoffen, die in Schlaf- und Beruhigungsmitteln enthalten sind. Wenn Sie bei einem Medikament unsicher bezüglich seiner Bestandteile sind, fragen Sie daher lieber noch einmal nach.

Alkohol sollte nicht als Schlafmittel betrachtet werden, denn er verursacht einen eher unruhigen Schlaf und birgt die Gefahr der Sucht.

Die Wirkung des Alkohols

Gegen ein oder zwei Gläser Wein oder Bier am Abend ist nichts einzuwenden, sie können sogar eine durchaus wohltuende und beruhigende Wirkung haben. Wer jedoch regelmäßig mehr trinkt, gefährdet seine Gesundheit.

Mehr oder weniger hochprozentige Getränke zählen zu den ältesten und beliebtesten Schlafmitteln. Solange es beim Gläschen Wein oder einem Glas Bier am Abend bleibt, ist dagegen auch nichts einzuwenden. Allerdings reagiert jeder ein bisschen anders auf die Wirkung von Spirituosen. Das hängt unter anderem von der Konstitution eines Menschen ab. Ein Fliegengewicht wird beispielsweise schneller von einem kleinen Cognac beschwipst sein als ein stattlich gebauter Mensch. Ein kleines Bier am Abend kann tatsächlich beruhigend und einschläfernd wirken. Allerdings gibt man sich häufig nach kurzer Zeit mit dem Gläschen nicht mehr zufrieden und steigert die Dosis, um die Schlaflosigkeit zu vertreiben. Es kommt zur raschen Gewöhnung, die nicht selten in die Abhängigkeit führt. Der Schlaf mit trunkenem Kopf verläuft nur unruhig und kurz. Unser Stoffwechsel plagt sich mit den Abfallprodukten des Alkohols. Außerdem verringert das Nervengift den Tiefschlaf und unterdrückt die Traumphasen. Die Wachphasen häufen sich. Der Schlaf wird regelrecht in kleine Bestandteile zerstückelt.

Erst nach dem vollständigen Abbau des Alkohols kommt es zum normalen Schlummer. Doch um 0,1 Promille im Blut abzubauen, benötigt der Organismus bereits eine Stunde. Deshalb ist nach einem mittleren Rausch ein erholsamer Schlaf erst nach sechs bis acht Stunden möglich. Obendrein folgt nach den unruhigen Stunden der Nacht am nächsten Morgen noch die Katerstimmung. Der Betroffene fühlt sich schlapp, zerschlagen, leidet unter Kopfschmerzen und seelischer Verstimmung.

Der Abbau des Alkohols dauert oft fast die ganze Nacht. Und erst danach schläft man tief und fest.

Der Schlaf lässt sich mit Medikamenten und anderen Drogen nicht erzwingen. Eine bessere Lösung erreicht man mit dem Einsatz natürlicher Methoden und vor allem, indem man die Ursachen des schlechten Schlafes klärt. Fest steht, dass ein kleiner Spaziergang, entspannende Yogaübungen oder Meditation den überdrehten Geist auf eine tausendfach gesündere und sinnvollere Weise besänftigen.

DER ENTZUG

Beim Entzug von Medikamenten, Alkohol und Aufputschmitteln handelt es sich um einen langwierigen und schwierigen Prozess. Zunächst einmal muss der Betroffene sein eigenes Suchtverhalten erkennen. Die Abhängigkeit von den Mitteln wird oft lange Zeit verdrängt, obwohl die Nebenwirkungen kaum zu übersehen sind. In der Entzugsphase leiden die Betroffenen häufig an schweren Schlafstörungen, Alpträumen sowie an Angstzuständen während des Tages. Nach wenigen Tagen geben viele resigniert auf und greifen erneut zu den Seelentröstern. Ohne einen Aufenthalt in der Klinik und ohne therapeutische Begleitung schaffen es nur die wenigsten, von den Mitteln wieder loszukommen.

Der Einfluss der Ernährung

»Iss morgens wie ein König, mittags wie ein Fürst und abends wie ein Bettler«, heißt ein altes Sprichwort. Obwohl man über die genauen Beziehungen zwischen Schlaf und Ernährung noch nicht viel weiß, gilt als gesichert, dass eine üppige Mahlzeit am Abend unseren Schlaf enorm stören kann. Aber auch die Zusammensetzung unserer Nahrung und die Wirkung der einzelnen Nährstoffe spielen eine große Rolle für einen erholsamen und tiefen Schlaf.

Schwer verdauliches Essen am Abend ist mit Sicherheit Schlafkiller Nummer eins.

Unsere schlechten Essgewohnheiten am Abend gehören mit zu den Hauptfeinden der Nachtruhe. Fetter Schweinebraten mit Knödeln sollte vor dem Schlafengehen besser nicht auf dem Speiseplan stehen. Oft verlockt auch der Genuss von Knabbereien beim abendlichen Spielfilm. Ganz nebenbei verschwinden eine Tüte Kartoffelchips oder eine Tafel Schokolade in unserem Bauch. Doch mit solchen Häppchen verurteilen wir unser Verdauungssystem während der Nacht zur Schwerstarbeit. Der Stoffwechsel, der eigentlich auf Ruhe eingestellt ist, wird gestört und hält uns wach.

Bis unser Magen wieder eine Arbeitspause einlegt, vergehen oft mehr als drei Stunden. Besonders vorsichtig sollten übrigens fettleibige Menschen beim Verzehr von größeren Abendmahlzeiten sein. Das schwere Essen schränkt ihre Atmung ein und bedingt eine schlechte Schlafqualität. Am besten hält sich jeder an vernünftige Essenszeiten und verzichtet abends auf schwere oder blähende Mahlzeiten.

Kleine, leichte Mahlzeiten begünstigen das Ein- und Durchschlafen.

Nehmen Sie Ihre Abendmahlzeit spätestens drei Stunden vor dem Schlafengehen ein. Essen Sie auf keinen Fall während der Nacht! Die Mahlzeit liegt sonst schwer wie Blei im Magen. Damit das Abendessen auch wirklich erquickend und labend wirkt, greifen Sie am besten zu leicht verdaulicher Kost oder einem kleinen Snack. Das fördert nämlich sogar den Schlaf!

Gesunder Schlaf setzt eine gesunde Ernährung voraus

Die richtige Ernährung hilft bei Schlafproblemen, insbesondere Bananen haben sich bewährt.

Achten Sie auf eine abwechslungsreiche Kost mit den notwendigen Nährstoffen, Vitaminen, Spurenelementen, Mineralien und genügend Flüssigkeit. Viel frisches Gemüse, Obst und Salat sowie ausreichend naturbelassene Kohlehydrate, Fisch und wenig Fleisch stärken unseren Körper am besten. Forscher fanden außerdem heraus, dass Schlafstörungen oft durch einen Mangel an B-Vitaminen verursacht werden. Essen Sie deshalb auch mehr Erdnüsse, mageren Fisch oder Bananen.

In bestimmten Nahrungsmitteln finden sich schlaffördernde Substanzen. Dabei spielen besonders das Insulin und die Aminosäure Tryptophan eine Rolle. Beide Stoffe wirken sich wohltuend auf unseren Schlaf aus. Mehrere über den Tag verteilte kleine, kohlehydrathaltige Mahlzeiten stimulieren die Insulinbildung. Tryptophan ist reichlich in Milch und Milchprodukten vorhanden. Es befindet sich unter anderem auch in Leinsamen, Nüssen, Rindersteak, Camembert, Thunfisch und Getreide.

Bananen enthalten wiederum den schlaffördernden Botenstoff Serotonin, den der Körper aus Tryptophan bildet. Bei normaler Ernährung nimmt der Mensch täglich etwa ein bis zwei Gramm dieser Substanz mit dem Essen auf. Wer den Anteil von Tryptophan im Essen ein wenig erhöht, beeinflusst seinen Schlaf auf jeden Fall günstig.

SCHLAFFREUNDLICHE KOST

→ *Typisches »Schlafobst«: zuckerreiche Früchte wie Bananen, Feigen, Himbeeren, Aprikosen, Nektarinen, Honigmelonen, Datteln, Rosinen*

→ *Typisches »Schlafgemüse«: Avocado, Schwarzwurzel, Blattsalate, Tomaten, Möhren, Rettich, Spargel, Sojabohnensprossen, Zichorie*

→ *Andere »Schlaflebensmittel«: Mandeln, Haselnüsse, Quark, Jogurt, Geflügel, Sesam, Hafer, Hüttenkäse, Emmentaler, Lammkotelett, Eigelb, Getreidekeime*

Das kleine, süße Betthupferl tut nachweislich seine Wirkung. Nehmen Sie das aber nicht zum Anlass, über die Maßen Süßigkeiten in sich hineinzustopfen.

Ein beliebtes Schlafmittel ist auch das allabendliche Betthupferl, also eine kleine Süßigkeit, die Kohlehydrate wie Zucker und Mehl enthalten sollte. Das kann ein Stück Marmeladenbrot oder auch ein süßes Gebäck sein. Unter anderem wirkt sich der durch den Süßstoff erhöhte Blutzuckerspiegel positiv auf unsere Nachtruhe aus. Natürlich bedeutet das nun nicht, dass wir uns abends wahllos mit Süßigkeiten vollstopfen sollen, damit wir anschließend gut schlafen können. Denn nur in Maßen genossen entfalten die süßen Leckereien ihre wohltuenden Wirkstoffe.

Maßnahmenkatalog

Generell gilt: Von den schlaffördernden Lebensmitteln dürfen wir nicht zu viel erwarten. Sie unterstützen lediglich auf sanfte Weise den erholsamen Schlaf.

→ Abends ist warme Honigmilch ideal. Die Wärme beruhigt den Magen, Milch ist reich an Tryptophan, und der Honig liefert das Kohlehydrat Zucker.

→ Eine Mischung aus Früchten und Fetten, wie Erdbeeren mit Sahne oder ungesalzene Nüsse, haben schlaffördernde Wirkung.

→ Ähnlich hilfreich ist ein Gemisch aus Jogurt mit Banane und Haferflocken oder Cornflakes mit Milch.

→ Achtung bei Abmagerungskuren! Sie fördern Schlafstörungen. Auch anhaltende Mangelernährung, wie bei Magersüchtigen, kann häufiges Erwachen und eine Verkürzung der Schlafdauer zur Folge haben.

Eine ausgewogene, vernünftige Ernährung steigert nicht nur die Leistungsfähigkeit, sondern auch die Schlafbereitschaft.

Nur eine Gewichtsreduktion, die sich auf etwa ein Kilo pro Woche beschränkt, kann einen weiterhin normalen, ruhigen Schlaf garantieren. Generell schlafen Menschen, die etwas über dem Idealgewicht liegen, besser.

→ Menschen mit schlechter Verdauung schlafen oft unruhig. Sie sollten daher besonders auf eine richtige Ernährung achten. Das führt zu einer Regulierung des Stuhlgangs.

→ Achten Sie auf die Kombination zwischen Nahrungs- und Schlafmitteln. Bestimmte Inhaltsstoffe der Kost können dem Medikament eine völlig andere Wirkrichtung geben. Fragen Sie am besten vorher Ihren Arzt!

→ Verzichten Sie abends generell auf süße Limonade, fettreiche Lebensmittel und scharfe Gewürze.

Andere Ursachen

Unser Schlaf ist fast so empfindlich wie die Schale eines rohen Hühnereis. Die verschiedensten äußeren Einflüsse können ihm schaden. Dazu zählen unter anderem Wetter, Lärm, elektromagnetische Störfelder, Bewegungsmangel oder Reizüberflutung. Tröstlich dabei ist, dass man diese äußeren Schwierigkeiten meist einfacher beheben kann als die inneren Probleme, die uns schlaflos machen.

Witterung

Das Geräusch von Regentropfen, die gleichmäßig gegen das Fenster trommeln, schläfert uns auf angenehme Weise ein. Der sanfte Wind im Mai lässt unsere Gefühlswelt aufblühen. Dass Witterungsbedingungen auf unsere Seelenstimmung einwirken, war schon unseren Vorfahren bekannt. Leider aber wirkt sich das Wetter nicht nur positiv auf unsere Nachtruhe aus. Zu den größten Schlafstörenfrieden zählen etwa kalte oder zu schwüle Luft. Ist es im Sommer nicht zu heiß, schläft man in dieser Jahreszeit in der Regel besser als im Winter. Das hängt mit den Stimmungstiefs in der dunklen Jahreszeit zusammen.

Die Intensität von Wetterumschwüngen ist regional unterschiedlich – so auch die durch sie verursachten Störungen unseres Wohlbefindens.

Ein anderer Faktor, der den Schlaf beeinträchtigen kann, ist die Wetterfühligkeit. Davon ist etwa ein Drittel der Bevölkerung betroffen. Vor allem bei Wetterumschlägen empfinden diese Menschen Unbehagen. In der warmen Jahreszeit tritt dieses Phänomen häufig auf. In Deutschland sind die Regionen im Rheingraben und im Voralpengebiet besonders betroffen. Da jeder Mensch unterschiedlich reagiert, gibt es keine festgelegte Regel, auf welches Wetter man positiv oder negativ reagiert. In den meisten Fällen führt aber Hochdruckwetter zum guten Schlaf. Außerdem haben junge Leute meist keine saisonbedingten Schlafstörungen. Tipp: Sorgen Sie zu jeder Jahreszeit für einen kühlen Schlafraum mit ausreichender Luftfeuchtigkeit.

Lärm

Lärm macht auf Dauer nicht nur schwerhörig. Ständiger Krach ist für den gesamten Körper ein Stressfaktor. Orte der Stille sind in unserer Welt aber leider rar geworden. Es poltert, scheppert und kracht um uns herum. Mopedgeknatter, Flugzeuglärm oder laute Musik findet man oft als Hintergrundkulisse in unseren

Schlafzimmern. An einen ständigen Geräuschpegel kann man sich zwar gewöhnen, aber die Qualität unseres Schlafes leidet trotzdem darunter. Der Krach macht auch diejenigen, die sich daran gewöhnt haben, nervös und gefährdet ihre Gesundheit.

Anhaltende Geräusche erhöhen nachweislich die innere Spannung. Schlafforscher meinen, dass die nächtliche Ruhe bereits ab 40 Dezibel gestört ist. Zum Vergleich einige Zahlen: Bereits normales Sprechen weist eine Lautstärke von 40 Dezibel auf, Schnarchen kommt auf bis zu 70 Dezibel. Den gleichen Wert erreicht Straßenverkehr in ruhiger Lage. Verkehrslärm an Hauptstraßen kommt bereits auf 100 Dezibel und der Start eines Flugzeugs sogar auf 150 Dezibel. Ab 130 Dezibel können Gehörschäden eintreten.

Wer in der Nähe von Flugplätzen lebt, der kennt die Probleme, die startende und landende Flugzeuge bei der nächtlichen Ruhe verusachen.

Da man den Lärmquellen oft nicht entfliehen kann, bleiben nur wenige Ratschläge: Isolieren Sie Ihre Türen und Fenster, suchen Sie sich den ruhigsten Raum als Schlafzimmer aus. Im Notfall bleibt nur der Griff zu den Ohrstöpseln.

Elektromagnetische Störungen

Mit dem Stichwort Elektrosmog bezeichnet man die elektromagnetischen Störungen, die durch elektrische Geräte wie Fernseher oder Radiowecker entstehen.

Elektrowecker, Telefon und Fernseher gehören fast schon zum selbstverständlichen Anblick in unseren Schlafzimmern. In letzter Zeit wird die gestörte Nachtruhe immer öfter mit elektromagnetischen Störungen in Verbindung gebracht. Dazu muss man wissen, dass jedes elektrische Hilfsmittel ein elektromagnetisches Feld um sich herum bildet. Steckdosen entwickeln es beispielsweise, egal ob Strom fließt oder nicht. Dadurch entsteht eine elektromagnetische Umweltverschmutzung, der so genannte Elektrosmog. Da auch das Nervensystem des Menschen mit elektrischen Impulsen arbeitet, werden wir durch die äußere Strahlung beeinflusst, vermuten Forscher.

Störungen durch elektrische Geräte

Die Nähe zu Stromleitungen oder elektrischen Geräten beeinträchtigt unser Schlafverhalten. Man sollte während des Schlafens Abstand dazu halten.

Für besonders belastend hält man die Nähe von Starkstromleitungen, Trafostationen oder Sendemasten. Auch wenn der Einfluss dieser Störungen noch nicht ausreichend erforscht ist, sollte man nachts besser von jedem elektrischen Gerät Abstand halten. Kabel und Geräte sollten mindestens auf einen Abstand von zwei Metern gebracht werden. Durch die Vielzahl sich überlagernder elektrischer Wellen kann unser Organismus nämlich aus dem Gleichgewicht gebracht werden. Sie stehen im Verdacht, Stress auszulösen sowie das Immun- und Nervensystem anzugreifen. Amerikanische Wissenschaftler vermuten sogar, dass elektromagnetische Felder Tumore verursachen.

Im Notfall hilft ein Netzfreischalter. Damit lassen sich einzelne Stromkreisläufe unterbrechen, so dass keine Zufuhr von Strom mehr stattfindet. Zu den Schlafstörenfrieden zählen auch Erdstrahlen, Wasseradern und Magnetfelder. Geobiologen oder Rutengänger können diese Strahlenfelder orten. Steht Ihr Bett in einer neutralen Zone, so bessert sich automatisch der Schlaf.

Baubiologen empfehlen: Schlafen Sie in Nord-Süd-Richtung, denn in dieser Achse verläuft auch das natürliche Erdmagnetfeld. Auf diese Weise können Ihre Energieströme ungehindert fließen. Wissenschaftler fanden heraus, dass bei Menschen, die ihr Bett in Nord-Süd-Richtung ausgerichtet hatten, sich die roten Blutkörperchen besser bildeten.

Ungesunder Lebenswandel

Den ganzen Tag verbringen wir sitzend im Büro, abends flimmert ein Psychothriller im TV und erst weit nach Mitternacht findet man ins Bett. Hinter diesen Tätigkeiten verbergen sich drei Schlafkiller auf einen Streich: Bewegungsmangel, Reizüberflutung und ein unregelmäßiger Rhythmus. Sie kosten uns die bitter notwendigen Ruhestunden. Wer nachts aufwühlende Filme sieht, grausame Geschichten liest oder sich durch sonstige Umstände in Aufregung versetzt, darf sich über einen gestörten Schlaf nicht wundern.

Ein unregelmäßiger Lebenswandel wirkt sich schnell auf den Körper und damit auf das Schlafverhalten aus.

Empfehlenswert sind dagegen die nachfolgenden Tipps. Gönnen Sie Ihrem Kopf vor dem Schlafengehen etwas Stille. Schalten Sie den Fernseher oder das Radio aus, und legen Sie sich mit einem schönen Buch ins Bett. Finden Sie aber trotzdem nicht zur Ruhe, kann das auch am Bewegungsmangel liegen. Sportliche Betätigung fördert die Schlafbereitschaft und die Qualität des Schlummers. Besonders Menschen, die eine sitzende Tätigkeit ausüben, sollten deshalb unbedingt für einen regelmäßigen körperlichen Ausgleich sorgen. Allerdings darf abends auch der Sport nur in Maßen ausgeübt werden. Sonst putscht uns das freigesetzte Adrenalin nur zusätzlich hoch. Ein Spaziergang von mindestens 30 Minuten Dauer wirkt besser als jede Schlaftablette.

Möglicherweise lässt sich die Mittagspause für etwas Bewegung nutzen.

Entscheidend für die erholsame Nachtruhe ist erwiesenermaßen auch ein regelmäßiger Lebensstil. Der Mensch ist ein echtes Gewohnheitstier. Einen unregelmäßigen Lebenswandel nimmt der Körper schnell übel. Vernünftigerweise sollte man sich an einigermaßen feste Schlafenszeiten halten. Die für Sie günstigsten Schlafzeiten werden Sie problemlos mit Hilfe Ihrer inneren Uhr herausfinden. Beachten Sie einfach die ersten Anzeichen der Müdigkeit, und geben Sie ihnen soweit möglich nach, anstatt sich dagegen zu wehren.

Formen der Schlaflosigkeit

Schlaflos zu sein, das hört sich so eindeutig an. Aber entsprechend der Vielfalt ihrer Ursachen können Schlafstörungen auch in den verschiedensten Formen auftreten. Diese Erscheinungsformen zeigen nicht selten ein ähnliches Leidensbild. Deshalb ist die Diagnose oft schwieriger als die therapeutische Behandlung.

Wenn der Alltag und seine Probleme nicht mehr bewältigt werden und sich zur »Tretmühle« auswachsen, sind Schlafstörungen häufig die Folge.

Die vier häufigsten Schlafstörungen

Der Begriff Insomnie bezeichnet Ein- und Durchschlafstörungen, die zu einem Schlafmangel führen. Hypersomnie steht für vermehrten Schlafbedarf am Tag. Parasomnie meint störende Begleitsymptome des Schlafs wie Schlafwandeln oder Alpträume. Störungen des Schlaf-Wach-Rhythmus sind alle Störungen, die mit der inneren Uhr des Menschen zu tun haben, beispielsweise bedingt durch Jetlag oder Schichtarbeit.

Zu wenig Schlaf (Insomnie)

Die vier Grundformen der Schlaflosigkeit zeigen zahllose Facetten, die Diagnose und Behandlung möglicherweise erschweren.

Das Wort »insomnia« stammt aus dem Lateinischen und bedeutet Schlaflosigkeit. Die Ursachen der Insomnie, die zu den chronischen Schlafstörungen gezählt wird, können organischer sowie seelischer Natur sein. Aber auch äußere Gegebenheiten wie Schichtarbeit oder unregelmäßige Lebensweise spielen eine Rolle.

Definition der chronischen Schlafstörung

Eine chronische Schlafstörung liegt dann vor, wenn mindestens dreimal in der Woche für die Dauer von etwa einem Monat der Erholungswert des Schlafes so vermindert ist, dass Leistungsfähigkeit, Wohlbefinden und Lebensfreude erheblich eingeschränkt werden.

Wer sich gerade in einer schwierigen Lebensphase befindet und ungelöste Probleme mit sich herumschleppt, wird häufig auch unter Schlafstörungen leiden. Im Normalfall hören diese aber wieder auf, sobald die kritische Situation überstanden ist.

Die Gedanken und Empfindungen drehen sich bei den von Insomnie Betroffenen in der Regel nur noch um den fehlenden Schlaf. Sie führen häufig jedes auftretende Problem auf die gestörte Nachtruhe zurück. Innere Anspannung, Nervosität und erhöhte Reizbarkeit kennzeichnen diese meist überempfindlichen Menschen. Und je länger ihr Zustand andauert, desto mehr verstärkt sich ihre Angst vor der Nacht. Sie leiden unter dem Phänomen der »Bettangst« und versuchen sich vergebens zum Schlaf zu zwingen.

Manchmal hängt die gestörte Nachtruhe auch alleine mit der Wahl des Ortes oder dem Zeitpunkt zusammen. In Hotels oder fremden Betten schlafen einige chronische Schlafgestörte problemlos ein. In ihrem eigenen Schlafzimmer packt sie hingegen abends regelmäßig das Grauen.

Oft geht eine situationsbedingte Schlafstörung, die in Folge eines einschneidenden Erlebnisses auftritt, in eine chronische Schlafstörung über. Man kann sich den gestörten Schlaf nämlich regelrecht antrainieren.

Den Lichtschalter auszuknipsen oder das Laken zurückzuschlagen kann bereits Panikgefühle auslösen.

Dabei spielt uns die Psyche einen Streich. Alles, was der Übernächtigte mit Schlaf in Zusammenhang bringt, ruft in ihm unangenehme Erinnerungen hervor. Den Lichschalter auszuknipsen oder das Laken zurückzuschlagen kann bereits Panikgefühle auslösen. Seine innere Erregtheit wirkt auf die Nervenzellen im Gehirn zurück, die für die Wachheit zuständig sind. Dadurch gelingt es ihm nicht mehr, die notwendige Ruhe zu finden. Seine Erwartungshaltung wird immer negativer, seine abendliche Unruhe immer größer und das Einschlafen immer schwieriger.

Ein Teufelskreis!

Viele Schlafgestörte schielen ständig auf den Wecker und warten bereits beim Einschlafen wieder aufs Aufwachen.

Versuchen Sie nach Möglichkeit, sich abends nicht unnötig unter Druck zu setzen (»Ich muss jetzt schlafen!«) und sich gleichzeitig mit negativen Gedanken daran zu hindern (»Ich werde sowieso nicht schlafen«). Mit dieser Einstellung werden Sie nämlich garantiert keine Ruhe finden. Wenn Sie ständig innerlich auf der Lauer nach Schwierigkeiten liegen, bekommen Sie auch welche.

In der Psychologie nennt man dieses Phänomen eine »sich selbst erfüllende Prophezeiung«. Denn viel empfindlicher als unter normalen Umständen achtet man dann auf alle möglichen Dinge, die das Einschlafen vielleicht verhindern könnten. In diesem Zustand reicht schon das Ticken des Weckers oder das Schlagen der Kirchturmuhr aus, um uns wach zu halten. Auf diese Weise führt alleine die Angst, wieder nicht einschlafen zu können, zu Schlafstörungen.

Ursachen und Symptome chronischer Schlafstörungen

Ursachen sind psychische Beschwerden, insbesondere Suchtprobleme, Depressionen und Lebenskrisen, aber auch organische Störungen, beispielsweise eine Schilddrüsenerkrankung. Von Insomnieen sind vor allem Frauen ab 50 Jahren betroffen. Charakteristisch für die chronische Schlafstörung sind folgende Symptome:

- → Das Einschlafen ist mühselig.
- → Der Schlafgestörte wacht nachts wiederholt auf, liegt oft mit Herzklopfen lange wach, findet schließlich erschöpft in einen kurzen Schlaf, aus dem er wieder frühzeitig erwacht.
- → Angstzustände und emotionale Spannungen verhindern das Einschlafen.
- → Manchen Patienten wird ausschließlich das Einschlafen zur Qual. Andere erwachen nach zwei bis drei Stunden und können nicht mehr einschlafen.

Das allseits bekannte Zählen von Schäfchen hilft bei echten Schlafproblemen leider nicht mehr.

Maßnahmen bei Insomnie

Mit therapeutischer Hilfe und gezieltem Training lässt sich Schlaflosigkeit wirksam bekämpfen.

Menschen mit chronischen Schlafstörungen sollten therapeutische Hilfe in Anspruch nehmen. Autogenes Training und verhaltenstherapeutische Maßnahmen haben sich gut bewährt.

Der Therapeut Richard Bootzin entwickelte ein Schlafprogramm für Menschen, die an »Bettangst« leiden. Seine Erfahrungswerte belegen: Nach drei Wochen schlafen Sie besser und nach sechs Wochen bereits wieder die ganze Nacht. Allerdings setzt diese Therapie Ihre Geduld und Hartnäckigkeit voraus.

→ Legen Sie sich nur ins Bett, um zu schlafen. Lesen und fernsehen sind tabu.Wenn Sie nach zehn Minuten nicht eingeschlafen sind, stehen Sie wieder auf und verlassen das Zimmer.

→ Kehren Sie erst zurück, wenn Sie das Bedürfnis haben zu schlafen. Stehen Sie wieder auf, wenn Sie nach zehn Minuten nicht eingeschlafen sind. Dieser Vorgang kann sich viele Male wiederholen, bevor Sie endlich wegschlummern. Stehen Sie am Morgen zur festgelegten Stunde auf. Legen Sie tagsüber kein Nickerchen ein!

Zu viel Schlaf (Hypersomnie)

Mindestens ebenso gefährlich wie Schlaflosigkeit sind plötzliche Schlafanfälle.

Mitten in einem fünfgängigen Menü oder hinter dem Steuer auf der Autobahn überrascht manche Menschen ein übermächtiger Schlafdrang. Sie leiden an Hypersomnie (griechisch hyper = über, und lateinisch somnus = Schlaf). Mit Trägheit oder Phlegma hat dieser Zustand nichts zu tun. Das Phänomen der Hypersomnie schränkt die Betroffenen stark ein und setzt sie sogar äußerst gefährlichen Situationen aus. Ungefähr vier Prozent der Bevölkerung leiden unter der Neigung zu Schlafanfällen. Vermutlich wird diese Krankheit vererbt. Einsamkeit und Isolation prägen oft den Zustand des Schlafgestörten.

Unter Hypersomnie versteht man einen krankhaften Schlafüberschuss und anfallweise auftretende Schlafepisoden am Tag. Die abnorme Müdigkeit führt dazu, dass man ungewollt in allen möglichen Situationen innerhalb kurzer Zeit einschläft. Die Schlafattacken dauern wenige Minuten oder länger. Das kann auch gefährlich werden, wenn der Schlaftrunkene beispielsweise gerade am Herd steht oder eine Maschine bedient. Oft fühlen sich die Betroffenen nach dem Aufwachen gelähmt und erschlagen. Sie reagieren verwirrt und desorientiert. Zu den häufigsten Auslösern von Schlafattacken am Tag zählen die Narkolepsie und Schlafapnoen.

Alle Formen der Hypersomnie führen zu einem gesellschaftlichen Außenseitertum.

Narkolepsie

Ein Wutanfall, ein Lachen oder auch ein Niesen – und schon ist der Narkoleptiker in Sekundenschnelle eingeschlummert. Häufig lösen nämlich heftige Gemütsbewegungen die mehrmals über den Tag verteilten Schlafanfälle aus. Sie dauern jeweils fünf Minuten bis zu einer halben Stunde. Nachts schlafen Narkoleptiker dagegen unruhig und wachen häufiger auf. Die Ursache für diese chronische Krankheit ist wissenschaftlich noch nicht geklärt.

Narkolepsie tritt glücklicherweise nur sehr selten auf. Auf 10 000 Einwohner kommen etwa zwei Fälle. Ein Narkoleptiker gehört unbedingt in ärztliche Betreuung. Betroffene sollten streng auf eine gesunde Lebensführung achten und sich bewusst mehrere kleine Nickerchen am Tag gönnen. Diese können den Schlafdruck ein wenig mindern. Ansonsten vermeidet ein Narkoleptiker besser alle Tätigkeiten, die besondere Konzentration und Verantwortung erfordern, was im Alltag zugegebenermaßen nicht ganz leicht fällt.

Schlafapnoen und Schnarchen

Beim Schnarchen kann es sich um ein Symptom der Schlafapnoe handeln. Apnoe bedeutet übersetzt Atemstillstand. Betroffene leiden an mehreren Atemaussetzern, die 30 bis 50 Sekunden dauern. Diese Atemstopps sind für die Schnarcher manchmal lebensgefährlich.

Während eines Atemstillstandes werden Herz und Gehirn nicht ausreichend mit Sauerstoff versorgt. Außerdem erhöht sich der Kohlensäureanteil des Blutes. Das hat gefährliche Blutdruckveränderungen zur Folge: Die Herzschläge sinken auf etwa 30 pro Minute, um beim plötzlichen Aufwachen wieder auf 100 Herzschläge pro Minute anzusteigen. Dieser Wechsel führt zu Herzrhythmusstörungen und kann tödlich enden.

Zu hundert und manchmal noch mehr Atemaussetzern kommt es in jeder Nacht. Apnoepatienten leiden unter einem zerstückelten und flachen Schlaf. Infolgedessen treten am Tag häufig spontane Schlafanfälle (Hypersomnie) auf.

Kurz nach einem Atemstopp folgt meist ein explosionsartiger Schnarchlaut, der den Betroffenen weckt.

Bei etwa zehn Prozent aller Schnarcher lautet die Diagnose Apnoe. Meistens trifft diese gesundheitliche Störung Männer über 50 Jahre, insbesondere wenn sie übergewichtig sind oder gerne in der Rückenlage schlafen. Nach den Wechseljahren steigt allerdings auch das Risiko bei Frauen an. Insgesamt liegt das Verhältnis von Männern zu Frauen bei zehn zu eins.

Nur ein Besuch beim Arzt kann klären, ob eine Schlafapnoe vorliegt und gegebenenfalls operativ behandelt werden muss.

Wenn eine Apnoe rechtzeitig erkannt und ärztlich behandelt wird, bilden sich die Symptome oft wieder zurück. Um wieder gesund zu werden, können Sie selbst eine Menge unternehmen: Meist hilft es, einige Pfunde abzuspecken, Alkohol- und Nikotinkonsum einzuschränken, regelmäßig Sport zu treiben und nachts auf der Seite zu schlafen. In manchen Fällen kann aber auch eine Operation im Rachenraum sinnvoll sein.
Eine sehr effektive Methode gegen Schlafapnoen sind Nasenmasken, die die ganze Nacht über frische Luft in die Nase pumpen und so die oberen Atemwege offen halten.

SCHNARCHEN

Nicht jeder Schnarcher hat eine Schlafapnoe, aber jeder Patient mit Schlafapnoe schnarcht. Deshalb ist jedem Schnarcher eine ärztliche Kontrolle angeraten. Wer schnarcht, hat dies meistens vererbt bekommen. Aber es spielen auch noch andere Faktoren wie Übergewicht und Bluthochdruck eine Rolle. Wer gerne auf dem Rücken schläft und auch öfter einmal einen über den Durst trinkt, der gehört in den meisten Fällen zur Gruppe der Schnarcher. Doch der Betroffene selbst hat selten mit seinen nächtlichen Geräuschen ein Problem – es sind die Bettpartner, die darunter leiden.
Statistiken besagen, dass 22 Prozent der Schnarcherehen in die Brüche gehen. Der Lärmpegel mit etwa 70 Dezibel entspricht immerhin dem eines elektrischen Rasenmähers. Während der Schnarcher die gleichen Tipps wie ein Apnoiker beherzigen sollte, helfen seinem Partner meist nur Ohrstöpsel.

Störende Begleitsymptome des Schlafes (Parasomnien)

Alpträume, nächtliches Aufschrecken und Schlafwandeln zählen zu den häufigsten Parasomonien (griech. para = neben, parallel und latein. somnus = Schlaf). Diese störenden Begleitsymptome des Schlafes können bei manchen Menschen nur einmal im ganzen Leben, bei anderen dagegen auch mehrmals in einer Woche auftreten. Überwiegend betreffen sie Jugendliche und Kinder.

Nächtliches Aufschrecken (Pavor nocturnus)

Schlafstörungen im Kindesalter sind meist vorübergehend und müssen nicht ärztlich behandelt werden.

Ein panischer Schrei gellt durch die Nacht. Zitternd und schnell atmend sitzt das Kind aufrecht in seinem Bett. Sein Herz rast. Es ist hochgradig erregt. Dieses Phänomen wird in der Fachsprache Pavor nocturnus genannt. In der Regel gehen die Attacken mit Beginn der Pubertät wieder zurück. Bei Erwachsenen kommen solche nächtlichen Panikanfälle nur selten vor. Eltern, die ihr Kind in der Nacht völlig verstört vorfinden, reagieren am besten mit Gelassenheit! Trösten Sie das Kleine kurz mit ruhiger Stimme, und legen Sie es zurück ins Bett, damit es schnell wieder einschlafen kann. Das gelingt meist problemlos. Der Versuch, das Kind am nächsten Morgen zu befragen, ist meistens erfolglos und erzeugt nur die Angst, dass etwas mit ihm nicht in Ordnung ist. Manchmal tauchen verschwommen Begriffe wie »böses Monster« oder »großes Tier« auf, das den kleinen Schläfer angreifen wollte. Meistens ist der Vorfall aber am nächsten Tag vergessen. Als Ursachen für den Nachtschreck vermuten Psychologen leichte Erkrankungen wie Fieber oder Mandelentzündung, aber auch Probleme in der Schule oder familiäre Konflikte.

Bei Erwachsenen nehmen Schlafforscher Stress, schwere Belastungssituationen und Überforderung als Ursachen an.

Ein Kind, das nach einem bösen Traum liebevoll beruhigt wird, hat seinen Schrecken am Morgen schon vergessen.

Schlafwandeln (Somnambulismus)

Somnambulismus (aus dem Lateinischen »somnus« = Schlaf und »ambulare« = umhergehen) ist vor allem bei Kindern und Jugendlichen anzutreffen. Besonders betroffen sind Jungen zwischen fünf und zwölf.

Schlafwandeln kann für den Betroffenen äußerst gefährlich werden.

Wie in Trance spaziert der Schlafende mit ausdruckslosem Gesicht durch die Räume. Wahllos öffnet er Schränke, Fenster und Türen und verlässt manchmal sogar das Haus. Mitunter verhält er sich wie im Wachzustand und beginnt beispielsweise die Wohnung zu putzen. Dabei besteht erhöhte Unfallgefahr, da der Betroffene nichts sieht und sich ungeachtet aller Gefahren weiterbewegt. Versuche, die Aufmerksamkeit des Schlafwandlers zu gewinnen, sind meist sinnlos.

Normalerweise kommt es im ersten Drittel der Nacht, während des Tiefschlafes, zum Schlafwandeln. Gewöhnlich tritt dieses Phänomen bei Kindern und Jugendlichen bis 16 Jahren auf. Am häufigsten betrifft es Jungen, die zwischen fünf bis zwölf Jahre alt sind. In der Regel dauert ein Anfall 15 bis 30 Minuten. Er wird entweder durch spontanes Erwachen (ein Drittel der Fälle) oder durch die Rückkehr ins Bett beendet.

Bei Erwachsenen steht der Somnambulismus oft im Zusammenhang mit ernsthafteren psychischen Problemen und Persönlichkeitsstörungen. Üblicherweise erinnert sich der Betroffene am nächsten Tag an nichts mehr, wenn man ihn auf sein Schlafwandeln anspricht. Selbst wenn es in der Nacht zu Verletzungen kommt, wachen die Schlafwandler nicht unbedingt sofort auf. Sie leben gefährlich, steigen durch splitterndes Glas oder klettern nachts aus dem Fenster.

Die Eltern oder Partner eines Schlafwandlers sollten unbedingt die Wohnung sichern, damit dem Herumgeisternden beim nächtlichen Spuk nichts passiert. Am besten nimmt man den

Schlafwandler, wenn er mit seinem Gang beginnt, an der Hand und führt ihn sanft in sein Bett zurück. Die wenigsten werden sich dagegen wehren und schnell wieder einschlafen, als ob nichts geschehen wäre.

Muskelzuckungen und Restless-Legs-Syndrom

Auch nächtliche Muskelzuckungen und Kribbeln in den Beinen können die Nacht zur Hölle werden lassen. Das so genannte Restless-Legs-Syndrom (»Syndrom der unruhigen Beine«) zwingt die Betroffenen manchmal sogar aus dem Bett. Denn nur Bewegung bringt sofortige Besserung. Heftig zittern die Beine der Betroffenen im Schlaf. Ein ausgeprägtes Kribbeln, manchmal sogar Jucken oder Reißen – gewöhnlich zwischen Knie und Sprunggelenk – zwingt die Beine zur Bewegung.

Die Ursachen für nächtliche Muskelzuckungen sind vielfältig: Man vermutet, dass eine gewisse Veranlagung vererbt wird, außerdem spielen auch bestimmte Krankheiten wie Diabetes oder Rheuma eine Rolle.

Üblicherweise treten diese unangenehmen Empfindungen in der ersten Nachthälfte auf. Dadurch wacht man öfter kurz auf und dämmert in einem unruhigen Schlummer dahin. Meistens werden die Zuckungen nicht bewusst wahrgenommen. Am nächsten Morgen wundert man sich über seinen zerschlagenen Zustand. Erst nach langer Leidenszeit oder durch Bemerkungen seines Partners versteht man, was jede Nacht mit einem geschieht. Wird die Nachtruhe häufig durch diese Zuckungen unterbrochen, sollte der Betroffene unbedingt einen Arzt aufsuchen.

Zunächst klärt der Mediziner, woher die Krankheit kommt. Offenbar wird dieses Syndrom oft vererbt. Auslöser können unter anderem auch Stress, Eisenmangel, Stoffwechselerkrankungen, eine Schwangerschaft oder Nebenwirkungen bestimmter Medikamente sein. Vor allem unter Diabetikern, Patienten mit Nierenleiden, Rheumakranken oder Dialysepatienten sind periodische Beinbewegungen weit verbreitet. Autogenes Training, Massagen, heiße Duschen und Muskelentspannungsübungen helfen neben dem Einsatz von Medikamenten.

Alpträume

Alpträume lassen verborgene Persönlichkeitsstrukturen und seelische Probleme erkennen.

Die ungeheuerlichsten und wildesten Dinge spielen sich manchmal nachts in unserem Kopfkino ab. Im Alptraum werden Menschen zu Amokläufern, man verliert seine Liebsten unter tragischen Umständen oder es stürzt gleich die ganze Welt über einem zusammen. Diese nächtlichen Störungen kennen wir alle. Sie treten oft als normale Reaktion in Lebensphasen auf, die uns gefühlsmäßig stark belasten. Aber auch Medikamente können Alpträume auslösen. Nach dem Erwachen aus den angstbesetzten Träumen beruhigen sich die Betroffenen oft schnell und schlafen wieder problemlos ein.

Schlafexperten führen Alpträume meist auf seelische Ursachen zurück. Unverarbeitete Kindheitserlebnisse und belastende Lebenssituationen sowie Stress sind die Hauptauslöser unserer nächtlichen Horrorfilme. Auffällig ist jedoch, dass bei Kindern mit Alpträumen nur selten seelische Störungen zugrunde liegen. Bei Erwachsenen hingegen beobachten Psychologen häufiger psychische Auffälligkeiten wie Überempfindsamkeit, Zurückgezogenheit und Misstrauen gegenüber der Umwelt.

Sprechen Sie über Ihre Alpträume, denn oft kann ein Außenstehender, der Sie gut kennt, besser beurteilen, wo der Schuh drückt.

Wer wiederholt über einen längeren Zeitraum hinweg unter diesen Schreckgespenstern leidet, sollte mit einem Arzt seines Vertrauens darüber sprechen. Denn durch die nächtlichen Wachphasen wird der Schlaf immer wieder unterbrochen, was am nächsten Tag zu deutlichem Leistungsabfall und schlechter Stimmung führt. Allerdings können Alpträume auch wohltuend sein. Beispielsweise bewältigen Geschiedene, denen das traumatische Ereignis nachts durch den Kopf spukt, ihren Schmerz besser, wie eine Studie bewies. Mit den nächtlichen Schauspielen verdauen wir regelrecht unsere unverarbeitete Konflikte. Es lohnt sich deshalb bestimmt, über den Ursprung unserer Alpträume nachzudenken. Erzählen Sie Ihrem Partner oder Freund davon. Das erleichtert Sie und hilft Ihnen vielleicht, schneller auf den Kern Ihres Problems zu stoßen.

Störungen des Schlaf-Wach-Rhythmus

Wenn unsere biologische Uhr überdreht ist, fühlen wir uns nur noch wie halbe Menschen. Unser Körper ist so gut wie lahm gelegt. Übermüdet und schlapp erleben wir den Tag, wenn unser Schlaf-Wach-Rhythmus aus dem Gleichgewicht geraten ist. Aus den unterschiedlichsten Gründen schaffen wir es oft nicht, auf unsere innere Stimme zu hören und uns an bestimmte Schlafenszeiten zu halten. Verantwortlich dafür sind unter anderem Schichtarbeit oder Zeitzonenflüge. Genauso spielen aber auch die Erbanlagen eine Rolle, die uns zum Morgen- oder Abendmenschen (siehe das nachfolgende Kapitel zu Abend- und Morgenmenschen) machen.

Die Anforderungen des Alltags gehen nicht immer synchron mit dem Biorhythmus. Dann kommt es zu Störungen der Schlaf-Wach-Phasen.

Ursache: Abend- oder Morgentyp

Unter erheblichem Schlafmangel leiden Abend- und Morgentypen häufig gleichermaßen. Während die nachtaktiven »Eulen« erst nach Mitternacht ins Bett finden, liegen die »Lerchen« bereits oft gegen 20 oder 21 Uhr in den Federn.

Die Abendmenschen sind frühmorgens, wenn der Wecker klingelt, völlig übermüdet. Den Betroffenen gelingt es aber oft nicht, früher ins Bett zu gehen, weil ihre innere Uhr auf eine spätere Stunde programmiert ist. An Schlaf ist daher nicht zu denken.

Keinen Deut besser geht es vielen Morgenmenschen. Denn natürlich sind auch sie an ihre innere Uhr gebunden. Die »Lerchen« wachen oft mitten in der Nacht auf und können dann nicht wieder einschlafen. Kein Wunder, dass auch diese Menschen mit der Zeit ein chronisches Schlafdefizit entwickeln. Manchmal findet man in dieser Gruppe Menschen, die sich früh in den Schlaf flüchten wollen, weil sie unter Problemen leiden. Einsamkeit, Depressionen und Kummer treiben einen in die Geborgenheit des warmen Nestes.

Ursache: Bruchstückhafter Schlaf

Krankheit oder fehlende Strukturierung des Tages führen oft zu bruchstückhaftem Schlaf.

Andere Leute plagen sich mit einem Schlafmanko, weil ihr Schlummer innerhalb von 24 Stunden in viele kleine Etappen zerhackt ist. Auf diese Weise addiert sich die Schlafzeit meistens zwar auch auf insgesamt sechs bis acht Stunden, wirkt aber dennoch weniger erholsam als ein zusammenhängender Nachtschlaf. Zu den Betroffenen zählen häufig Menschen, die einen unregelmäßigen Lebensstil führen. Dazu gehören oft Personen, die an keine festen Arbeitszeiten gebunden sind, wie Studenten, Freiberufler, Arbeitslose und Senioren. Aber auch Kranke, die nachts nicht durchschlafen können, erleben einen bruchstückhaften Schlaf. Außerdem findet man diesen zerstückelten Schlafrhythmus häufig bei Menschen mit Persönlichkeitsstörungen und psychischen Problemen.

Ursache: Schichtarbeit

Bei unregelmäßigen Arbeitszeiten gehören Schlafprobleme fast immer zum Alltag.

Zum Heer der Schlafgestörten zählen auch die meisten Schichtarbeiter. Untersuchungen haben ergeben, dass sie durchschnittlich zwei Stunden weniger und schlechter schlafen als jemand, der zu normalen Zeiten tätig ist. Wechselnde Arbeitszeiten – einmal tags, einmal nachts – stören den Schlaf-Wach-Rhythmus extrem und bescheren den meisten Schichtarbeitern Ein- und Durchschlafprobleme. Da sie gezwungen sind, gegen die inneren Abläufe des Körpers zu arbeiten, kommt es zudem häufig zu körperlichen Beschwerden. Dazu gehören unter anderem Schweißausbrüche, Kopfschmerzen, vorzeitige Ermüdung, gesteigerte Reizbarkeit, aber auch Herzerkrankungen und Magengeschwüre. Trotzdem stört nicht jeden Menschen die Schichtarbeit im gleichen Maße: Für den Abendmenschen kann Schichtarbeit sogar günstig sein. Zudem verkraften junge Menschen diese Arbeitsform besser.

SCHICHTARBEIT

Etwa 42 Prozent aller Arbeitnehmer sind in so genannten abweichenden Arbeitszeiten tätig. Regelmäßige Schichtarbeit leisten gut 14 Prozent. Das bedeutet Schlaf zu Tageszeiten, an denen der Körper auf Wachsein programmiert ist. Kaum eine Chance für ungestörten Tiefschlaf.

Wochenlanger Schichtwechsel belastet den Organismus wesentlich stärker als täglich wechselnde Arbeitszeit.

Wer sowieso Probleme mit dem Schlafen hat, sollte Schichtarbeit nach Möglichkeit besser vermeiden. Wenn man trotzdem dieser Form der Arbeit nachgehen muss, sollte man besser nur in kurzen Nachtschichtperioden von höchstens drei Tagen Dauer arbeiten. Denn in der vierten Nacht lässt die Konzentration bereits nach, und die Fehlerquote erhöht sich. Ein Muster-Modell für Schichtarbeit ist das schnell rotierende System, denn durch den raschen Wechsel verstellt sich die innere Uhr gar nicht erst grundlegend. Im günstigeren Fall hat es folgenden Ablauf: Am ersten Tag arbeitet der Betroffene in der Frühschicht. Am zweiten Tag in Spät- und am dritten in der Nachtschicht. Der vierte Tag ist arbeitsfrei, so dass der fehlende Schlaf aufgeholt werden kann.
Eine Studie in Schweden hat ergeben, dass dieser Rhythmus für den Menschen am besten zu verkraften ist.

Ursache: Zeitzonenflüge

Unseren biologischen Rhythmus bringen aber auch lange Flugreisen über mehrere Zeitzonen hinweg gründlich durcheinander. Man fühlt sich unwohl und kann nicht schlafen. 24 Stunden braucht unsere innere Uhr, um nur zwei Stunden Zeitverschiebung zu kompensieren. Bei Flügen in Richtung Westen geht die Anpassung um 20 Prozent schneller.

TIPPS BEIM JETLAG-SYNDROM

- *Fangen Sie einige Tage vor dem Flug an, Stunde um Stunde früher oder später ins Bett zu gehen, um sich langsam an die neue Tageszeit anzupassen.*
- *Bei Flügen nach Westen sollte man unterwegs kaum schlafen, auf Ostflügen so viel wie möglich.*
- *Am Zielort ist es wichtig, in der ersten Nacht viel zu schlafen. Am besten schlafen Sie nachts.*
- *Gehen Sie in die Sonne, damit sich die innere Uhr schneller anpasst. Meiden Sie Alkohol und Schlafmittel.*
- *Pillen mit dem Schlafhormon Melatonin sollen das Jetlag-Syndrom mindern.*

Schlaflosigkeit bei Kindern

Viele Eltern kennen das natürliche Schlafbedürfnis ihrer Kinder nicht wirklich. Stattdessen versuchen sie ihrem Nachwuchs einen anderen Rhythmus – meist ihren eigenen – aufzuzwingen.

Jedes fünfte Kind leidet an einer Schlafstörung. Tendenz steigend! Tatsächlich ist an der gestörten Nachtruhe oft das falsche Verhalten der Eltern schuld. Sie zwingen den Kleinen Gewohnheiten auf, die zwar ihrem eigenen Lebensstil angepasst sind, aber nicht die Bedürfnisse der Kinder berücksichtigen. Häufig schätzen Eltern auch das Schlafbedürfnis ihrer Sprösslinge falsch ein und vermuten eine Störung, wo gar keine ist.

Säuglingsalter

Dicke Augenringe prägen die müden und abgespannten Gesichter frisch gebackener Eltern. Das ist ein durchaus normaler Anblick, wenn ein Neugeborenes im Hause eingezogen ist. Die

Säuglinge wachen etwa alle vier Stunden vor Hunger auf, sie schreien, weil sie häufig von Koliken geplagt werden. Ab dem dritten Monat verschwinden die Bauchschmerzen in der Regel. Durch diese harte Zeit der schlaflosen Nächte müssen sich fast alle Eltern durchkämpfen. Bis sich die Kleinen langsam in ihrer neuen Umgebung zurechtgefunden haben, sollten Sie unbedingt auf ihre Bedürfnisse eingehen.

In den ersten Wochen mit einem Neugeborenen muss oft die ganze Familie einen neuen Tagesrhythmus finden.

Es ist ein leider sehr hartnäckiges Vorurteil, dass man die Babys zu sehr verwöhnen kann. Damit das Baby Urvertrauen entwickelt, braucht es einen festen Rahmen, der ihm Geborgenheit schenkt. Achten Sie auf eine ruhige Umgebung und eine entspannte Atmosphäre. Die häufig vertretene Meinung, ein Neugeborenes bemerke bestimmte Umweltreize, wie einen Fernsehfilm oder Musik nicht, ist ein Irrtum. Nehmen Sie das Baby nicht mit auf Partys, zu Freunden oder in Gaststätten. Geben Sie ihm Zeit, damit es sich erst einmal mit den Gerüchen, Geräuschen und Menschen um sich herum vertraut machen kann. Gewöhnen Sie den Säugling bereits früh an einen festen Platz, an dem er sich aufgehoben fühlt.

Das Erlernen des Schlafrhythmus

Mit Geduld und Einfühlungsvermögen findet jedes Kind zu einem angepassten Tag-Nacht-Rhythmus.

Erst ab dem fünften oder sechsten Monat kann man, wenn nötig, langsam mit der Schlaferziehung beginnen. Beim Bemühen, mit den Kleinen einen Schlaf-Wach-Rhythmus einzuüben, darf man allerdings nicht vergessen, dass jedes Kind ein unterschiedliches Schlafbedürfnis hat. Und das zeigt sich bereits im frühesten Babyalter. Während sich einige Kleinkinder sehr schnell an den Tag-Nacht-Rhythmus anpassen und zur großen Freude ihrer Eltern bereits nach wenigen Wochen durchschlafen, schaffen das andere erst mit zwei Jahren. Trotzdem muss man nicht alle Hoffnung aufgeben. Denn die innere Uhr des Kindes lässt sich durch Erziehung und Gewöhnung in einem gewissen Rahmen an die Bedürfnisse der Eltern anpassen.

Verbesserung des kindlichen Schlafverhaltens

Die englische Kinderpsychiaterin Naomi Richman hat ein erfolgreiches Schlafmodell entwickelt, das für Kinder und Eltern gleichermaßen ein Segen ist. Bereits nach drei bis vier Tagen stellt sich ein erheblich besseres Schlafverhalten ein.

Etwa mit einem halben Jahr kann ein Säugling lernen, sich selbst zu beruhigen. Vorher ist er dringend auf Hilfe angewiesen, um zur Ruhe zu kommen.

Legen Sie das Kleine mit ein paar Liebkosungen und besänftigenden Worten in sein Bettchen. Verlassen Sie das Schlafzimmer trotz seiner Proteste, auch wenn es Sie Überwindung kostet. Sieben Minuten später geht der Vater oder die Mutter zurück ins Zimmer, streichelt das Kleine, versucht, es wieder zu besänftigen und geht dann wieder. Wiederholen Sie diesen Vorgang alle sieben Minuten, bis das Baby eingeschlafen ist. Durch dieses konsequente Vorgehen der Eltern begreift das Kleine, dass es nicht einsam und verlassen ist, weil es in regelmäßigen Abständen liebevoll von seinen Eltern umsorgt wird. Dieses erfolgreich erprobte Schlafprogramm sollte man allerdings nur anwenden, wenn das Baby alt genug (fünf bis sechs Monate) und gesund ist, außerdem nicht aus Schmerzen oder Panik schreit.

Die Einflussnahme der Eltern auf das Schlafverhalten der Kleinkinder ist von großer Bedeutung.

TIPPS FÜR SICHEREN SÄUGLINGSSCHLAF

→ *Der Schlaf der Kleinen ist heilig! Wecken Sie möglichst nie ein schlafendes Baby – auch nicht zum Füttern. Sonst findet es seinen eigenen Wach-Schlaf-Rhythmus nicht.*

→ *Beim nächtlichen Füttern vermeiden Sie am besten laute Geräusche. Drehen Sie nur gedämpftes Licht an, reden Sie leise mit dem Baby. Dadurch lernt es schneller den Unterschied zwischen dunkel und hell verstehen.*

→ *Meiden Sie zu weiche Matratzen oder Kopfkissen! Das Baby kann ersticken. Zudem schaden die weichen Unterlagen seiner körperlichen Entwicklung.*

→ *Bis zum Alter von etwa sechs Jahren soll das Kinderbett eine etwas härtere Unterlage besitzen. Sie entspricht besser der kindlichen Wirbelsäule, die noch im Wachsen begriffen ist. Ab dem Schulalter ist ein normales Erwachsenenbett gut geeignet.*

→ *Versuchen Sie stets Ruhe zu bewahren! Ängstlichkeit und Unsicherheit der Bezugspersonen übertragen sich auf den Säugling.*

Kinder ab dem dritten Lebensjahr

»Ich kann aber noch nicht schlafen!« Diesen Spruch haben alle Eltern von ihrem Kind schon mal gehört. Schnell tun sie sein Verhalten als störrisch ab. Dabei hängt die Schlafbereitschaft nicht allein vom Willen ab. Die innere Uhr des Kindes ist vielleicht auf ein oder zwei Stunden später geschaltet, so dass sich noch keine rechte Müdigkeit einstellen mag.

Jedes Kind hat einen eigenen Schlaf-Wach-Rhythmus und ein individuelles Schlafbedürfnis.

Für Kinder spielt es außerdem in diesem Alter noch keine Rolle, ob Wochenende oder Urlaub ist. Auch wenn es nicht leicht fällt, müssen die Eltern für einen erholsamen Schlaf ein Stück ihrer Bequemlichkeiten und alter Gewohnheiten opfern. Vergessen Sie nie: Der Keim für spätere Schlafstörungen wird oft in der Kindheit gelegt!

Der kindliche Forscherdrang

Konsequentes Verhalten der Eltern gibt dem Kind Sicherheit – auch wenn es zuerst möglicherweise protestiert.

Neugier und Forscherdrang halten die Kleinen um das dritte oder vierte Lebensjahr oft wach. Einige Eltern vermuten irrtümlicherweise in dieser Phase, dass ihre Kinder unter Schlafstörungen leiden. Dabei erkunden die Kleinen nur ihre Umwelt und entdecken dabei tausenderlei aufregende Dinge. Abends fällt es ihnen, aus Sorge etwas zu verpassen, oft schwer, sich von den Erwachsenen zu lösen. Deshalb greifen sie zu allen möglichen Tricks und Kniffen wie : »Ich hab Hunger!« oder »Ich muss noch was ganz Wichtiges erzählen …«.

Die ständigen Verzögerungstaktiken werden für Eltern rasch zur Belastung. Schließlich wollen sie auch einmal zur Ruhe kommen. Zeigen Sie dem Kind seine Grenzen auf, und bleiben Sie dabei konsequent. Wenn Sie sagen, dass Sie jetzt nicht mehr ans Bett kommen, dann sollten Sie das auch durchhalten.

Jeder Entwicklungsschub des Kindes wirkt sich auch auf sein Schlafverhalten aus.

Mehrmaliges kurzes Aufwachen in der Nacht ist bei Kindern ganz normal. Ein in sich ruhendes Kind besitzt genügend gute Erfahrungen, um sich schnell selbst wieder zu beruhigen und dann friedlich einzuschlummern. Im Vorschulalter entwickeln die Kinder oft alterstypische Ängste. Sie fürchten sich vor der Dunkelheit, denn in der lebendigen Fantasie des Kindes wird die Nacht zum Dschungel voller Gefahren. Lassen Sie die Tür einen Spalt offen. Der Lichteinfall wird das Kleine beruhigen. Sie nehmen Ihrem Kind die Ängste, indem Sie vor dem Schlafengehen feste Rituale einführen. Singen Sie ihm beispielsweise jeden Abend ein Liedchen vor.

SCHLAFSCHAUKELN

Bei manchen Kindern kommt es beim Übergang vom Wachen zum Schlafen zum so genannten Schlafschaukeln. Darunter versteht man ein rhythmisches Wippen mit dem Kopf, zuweilen sogar ein Anschlagen des Kopfes an der Wand. Das dauert so lange, bis das Kind in einen leichten Schlaf gefallen ist. Bei diesem harmlosen Phänomen handelt es sich um die Einleitung eines Trancezustandes. Das Kind beruhigt und entspannt sich durch das Schlafschaukeln.

Falls Ihr Kind nachts ab und zu aufwacht und aus Angst unter Ihrer Bettdecke Schutz sucht, beruhigen und trösten Sie es eine Weile. Dann sollten Sie das Kleine aber in sein Bettchen zurücktragen. Den gleichen Vorgang wiederholen Sie, wenn es mehrmals in der Nacht bei Ihnen auftaucht. Sonst gewöhnt es sich zu sehr an Ihr Bett und möchte gar nicht mehr alleine schlafen. Außerdem ist der Schlaf im Elternbett meist unruhiger und weder für die Erwachsenen noch für das Kind besonders erholsam. Die Angst vor der bedrohlichen Nacht weicht meist im Schulalter. Damit schwinden in der Regel auch die nächtlichen Besuche. Wenn die Ängste aber bleiben oder sogar noch größer werden, verbergen sich oft andere Probleme dahinter. Vielleicht fühlt sich das Kind überfordert, hat Probleme mit Spielkameraden oder es hat etwas Schlimmes erlebt. Möglicherweise spürt es aber auch, dass zwischen den Eltern etwas nicht stimmt. Kinder besitzen sehr feine Antennen für Unstimmigkeiten, auch wenn diese nicht in offenen Streitereien ausgetragen werden. Gehen Sie auf Ihr Kind ein, und sprechen Sie mit ihm. Auf diese Weise lassen sich Schlafstörungen vermeiden.

Gravierende Durchschlafstörungen im Schulalter müssen auf jeden Fall hinterfragt und gegebenenfalls behandelt werden.

Schlafstörende Kinderkrankheiten

Nicht nur die Krankheiten selbst, sondern auch die medikamentöse Behandlung können zu Schlafproblemen führen.

Schwere chronische Schlafstörungen treten glücklicherweise nur selten bei Kindern auf. Ursache dafür sind meistens eine Grippe, Magen-Darm-Beschwerden oder eine typische Kinderkrankheit wie Windpocken. Auch störende Begleitsymptome des Schlafes wie Alpträume, Sprechen im Schlaf oder Bettnässen sind nicht unbedingt Anlass zur Sorge. Diese Phänomene gehen meist im Schulalter wieder zurück. Wenn die Kleinen eine Zeit lang unruhig schlafen, ist das oft auf eine der folgenden Krankheiten zurückzuführen.

- Infektionskrankheiten, zum Beispiel eine fiebrige Grippe oder eine Mandelentzündung
- Schlafapnoen
- Asthma
- Epilepsien
- Hyperkinetisches Syndrom (Zappelphilipp-Kinder)
- Ursachen für eine gestörte Nachtruhe können aber auch Medikamente sein, zum Beispiel Nasentropfen oder Mittel gegen Erkältungen, Asthma und andere Anfallsleiden.

Bettnässen

Nächtliches Einnässen tritt relativ häufig bei kleineren Kindern auf, ohne dass man sich Sorgen machen sollte. Bedenklich wird es erst, wenn Ihr Kind noch im Alter von fünf bis sechs Jahren wiederholt in sein Bett uriniert. Dann sollte man möglichst mit Hilfe eines Kinderarztes die Gründe klären. Wenn keine organischen Krankheiten, wie ein Harnwegsinfekt oder eine Fehlbildung, vorliegen, kann das Bettnässen durchaus als ein Aufschrei der Seele und ein Zeichen für Stress verstanden werden. In der Psychologie nennt man diesen Vorgang denn auch »Weinen durch die Blase«. Das unkontrollierte Öffnen der Blase entlastet von einem seelischen Druck, den das Kind nicht anders auszudrücken vermag.

Was Ihrem Kind den Weg in den Schlaf erleichtert

Von klein auf sollte das Kind sein Bett als etwas Schönes erleben, als einen Ort der Wärme und Geborgenheit. Drohen Sie Ihrem Kind das Bett nie als Strafe an, sonst wird es den Schlaf als etwas Schlechtes und Unangenehmes empfinden und möglicherweise Schlafstörungen entwickeln.

Ob ein Mensch gern zu Bett geht, entscheidet sich meist schon in den ersten Lebensjahren.

→ Im Bett sollte das Kind nicht mehr spielen. Dabei dreht es zu sehr auf.

→ Schimpfen Sie Ihr Kind nicht, wenn es nicht einschlafen will und wieder das Bett verlässt. Bringen Sie es mit einer ruhigen Bemerkung zurück ins Bett.

→ Lassen Sie die Kinder abends nicht zu lange fernsehen. Kinder werden durch diese Form der Reizüberflutung unruhig, unkonzentriert und allgemein schwieriger.

→ Machen Sie sich nicht zum Sklaven Ihres Kindes: Wenn es ruft, warten Sie kurze Zeit. Vielleicht schläft es gleich wieder ein.

Jedes Kind weiß selbst am besten, wann es wirklich müde ist. Schicken Sie es deshalb nicht zu früh ins Bett.

→ Gewöhnen Sie das Kind so früh wie möglich an regelmäßige Schlafzeiten, damit es einen gesunden Schlaf-Wach-Rhythmus entwickeln kann. Berücksichtigen Sie dabei jedoch die Bedürfnisse Ihres Kindes. Schläft es beispielsweise mittags zwei Stunden, so wird es am Abend nicht so früh müde sein. Erst, wenn ein Kind sich die Augen reibt, nörgelig wird oder sich auf das Sofa kuschelt, ist es wirklich müde. Ein Kind, das ständig zu früh ins Bett geschickt wird, hat die besten Voraussetzungen, ein schlafgestörter Erwachsener zu werden.

→ Lassen Sie den Tag in Ruhe ausklingen. Sorgen Sie für feste Schlafrituale! Das Schlafengehen sollte immer ähnlich ablaufen. Putzen Sie stets zur selben Zeit mit dem Kind die Zähne, legen Sie ein Kuscheltier ins Bett, oder lesen Sie im Anschluss eine Gutenachtgeschichte vor.

KINDER BRAUCHEN RITUALE

Kinder benötigen feste Gewohnheiten, um sich in der Welt wohl zu fühlen und sich in ihr zurechtzufinden. Rituale geben ihnen ein Gefühl der Sicherheit, Gemeinschaft und Geborgenheit. In einer Zeit, in der der familiäre Alltag immer mehr auseinander zu driften droht, ist es besonders wichtig, Inseln der Ordnung innerhalb der Familie zu schaffen.

Wenn Ihr Kind unter echten Schlafstörungen leidet, sollten Sie es in ärztliche Betreuung geben. Liegen keine organischen Probleme zugrunde, wird es der Arzt zunächst mit bestimmten Verhaltenstherapien und Entspannungsverfahren behandeln. Schlafmittel sollten nur im absoluten Notfall und nur unter Beratung eines Arztes eingesetzt werden! Das Gleiche gilt für frei käufliche Arzneimittel auf pflanzlicher Basis. Falls Sie diese einsetzen, dann bitte nicht länger als zwei bis drei Tage.

Schlaflosigkeit bei Senioren

Gerade in der Altersgruppe ab 65 Jahren gehören Ein- und Durchschlafprobleme oft zum Alltag.

In keiner Phase tauchen Schlafstörungen so häufig auf wie im dritten Lebensabschnitt. Ab dem 65. Lebensjahr verdoppelt sich die Rate der Schlaflosen. Zu frühes Erwachen, Ein- und Durchschlafprobleme zählen zu den Hauptschwierigkeiten. Ursachen sind zum einen gesundheitliche und seelische Probleme, aber auch die alterstypischen Schlafveränderungen (siehe Kapitel »In jedem Alter schläft man anders«, Seite 33 bis 35).
Die erholsamen Tiefschlafphasen nehmen im Alter stark ab, und der Nachtschlaf reduziert sich auf fünf bis sechs Stunden. Die Nachtruhe verläuft flach, bruchstückhaft und unruhig. Des-

halb reagieren viele Senioren während des Schlafes sensibler auf Reize in ihrer Umgebung. Das Zwitschern eines Vogels, ein Auto auf der Straße oder das Licht der Straßenlaterne können schon als störend empfunden werden. Das häufige Erwachen wird jedoch nicht nur durch äußere Reize hervorgerufen, sondern ist eine durchaus normale Begleiterscheinung des Alterungsprozesses.

Mit zunehmendem Alter verstärkt sich die Lärmempfindlichkeit. Schon das morgendliche Vogelzwitschern kann als störend empfunden werden.

Sehr oft sind Schlafstörungen bei Senioren aber auch durch organische Probleme bedingt. Dazu gehören besonders Atmungsstörungen wie Schlafapnoen (siehe Kapitel »Hypersomnie«, Seite 127) und das Syndrom der unruhigen Beine (siehe Kapitel »Parasomnien«, Seite 131). Außerdem wachen ältere Leute häufiger auf, um Wasser zu lassen. Bei den psychischen Erkrankungen spielen Depressionen und geistige Verwirrtheit eine große Rolle. Auch diese seelischen Verstimmungen können den Schlaf erheblich beeinträchtigen.

HÄUFIGE KÖRPERLICHE UND SEELISCHE URSACHEN

Häufige körperliche Störungen, die Schlafstörungen auslösen können: Atmungs- und Kreislaufstörungen; Durchblutungsstörungen des Gehirns; Lungen- und Herzerkrankungen, wie Herzrhythmusstörungen oder Asthma bronchiale; Schmerzzustände, beispielsweise wegen Magengeschwüren; Hauterkrankungen; Schlafapnoe; unruhige Beine; Krämpfe.

Häufige seelische Störungen bei Schlafproblemen: Trauer als Folge des Verlustes von Partner, Wohnung und/oder Beruf; Demenzen; Depressionen.

Pensionierung und Sinnkrise

Leider ist man gerade im dritten Lebensabschnitt besonders großen psychischen Belastungen ausgesetzt. Manche älteren Menschen verlieren nicht nur ihre bisherige Aufgabe und ihre Arbeitskollegen, sondern oft ihr ganzes Selbstwertgefühl. Auf einmal stellt man sich in Frage und grübelt ständig hin und her: »Wozu bin ich überhaupt noch zu gebrauchen?« Das Einsamkeitsgefühl wird zusätzlich durch andere äußere Umstände verstärkt. Denn oft führen die eigenen Kinder schon lange ihr eigenes Leben, und im näheren Umkreis sterben die ersten Bekannten oder Freunde.

Unkontrolliert eingenommene Schlafmittel haben besonders bei älteren Menschen weitreichende gesundheitliche Beeinträchtigungen zur Folge

Der gesamte Lebensstil wird umgekrempelt. Einige Menschen verlassen ihre Wohnung und ziehen in ein Seniorenheim. Um diese Angst vor dem Neuen, vor Schmerz und Kummer zu ersticken, suchen alte Menschen oft Trost in schlaffördernden Medikamenten. Senioren gehören, laut Statistiken, zu den Hauptkonsumenten von Schlafmitteln. In vielen Fällen ist die Einnahme dieser chemischen Krücken ein schwerer Fehler.

Wechselwirkungen mit anderen Medikamenten treten häufig auf. Missbrauch und Sucht stehen auf der Tagesordnung. Außerdem erhöht sich im Alter das Risiko der Gifteinwirkung (Toxizität), da der Körper nicht mehr so gut in der Lage ist, das Medikament zu verarbeiten und auszuscheiden. Weil die Schlafmittel länger im Körper verbleiben, kommt es tagsüber oft zu Zerstreutheit, Gedächtnisstörungen, Mangel an Koordination und Übererregtheit.

Tipps bei Schlafproblemen

Gegen diese Flut von Problemen im Alter können wir uns wappnen. Mit den alterstypischen Schlafveränderungen müssen wir allerdings lernen zu leben. Machen Sie sich klar, dass es sich dabei um nichts Krankhaftes, sondern um einen ganz natürlichen Prozess in unserem Leben handelt. Halten Sie sich an die folgenden Ratschläge, dann werden Sie Ihre Schlafstörungen mit Sicherheit besser in den Griff bekommen.

→ Ihr Schlafbedürfnis ist nicht kleiner geworden! Gönnen Sie sich deshalb zwischendrin ein oder mehrere kleine Nickerchen. Im Alter haben Sie endlich Zeit und Muße, sich zu erholen, wann immer Ihnen der Sinn danach steht. Vergessen Sie nicht, dass Sie auch beim Mittagsschlaf den erholsamen Tiefschlaf finden. Außerdem verlängern die Nickerchen Ihre tägliche Schlafdauer. Sie müssen lediglich aufpassen, dass Sie sich nicht zu spät am Nachmittag aufs Ohr legen. Sonst bekommen Sie am Abend Einschlafprobleme, weil Ihr Schlafdruck verringert ist.

Genießen Sie ein schönes Frühstück, lesen Sie Zeitung, und lassen Sie es sich einfach gut gehen.

→ Grämen Sie sich nicht über Ihr verändertes Schlafverhalten. Versuchen Sie morgens nicht wieder krampfhaft einzuschlafen. Stehen Sie lieber frühmorgens auf, treiben Sie leichte Gymnastik oder gehen Sie ein bisschen spazieren, um den Kreislauf in Gang zu bringen.

→ Planen Sie jeden Morgen Ihren Tagesablauf. Lassen Sie sich nicht willenlos treiben, dadurch entstehen leicht Überdruss und ein Gefühl der Sinnlosigkeit. Halten Sie sich vor- oder nachmittags körperlich fit. Denn abends regt Sport an und hält wach. Leichte und entspannende Gymnastikübungen wie Tai Chi, Schwimmen oder Yoga bieten sich an.

Mit einfachen Mitteln wie Gymnastik und klaren Tagesstrukturen lässt sich der Altersschlaflosigkeit auch ohne Medikamente beikommen.

→ Achten Sie auf eine ausgewogene Ernährung, und nehmen Sie mindestens zwei Liter Flüssigkeit am Tag zu sich.

→ Senioren, die nachts lange wach liegen, nützt ein Stück Traubenzucker oder ein Stückchen Schokolade. Es hilft, die Wachphasen zu verkürzen.

→ Versuchen Sie, notwendige Medikamenteinnahmen durch natürliche Mittel wie autogenes Training oder Bewegung auszugleichen. Vor jeder Verschreibung sollten Senioren eine ausführliche Diagnose von ihrem behandelnden Arzt einfordern.

Die besten Wege zum guten Schlaf

Meditationsübungen sind bei Schlafproblemen sehr hilfreich.

Das ideale Schlafmedikament wurde bislang noch nicht erfunden. Bei jeder Arznei gilt vielmehr: keine Wirkung ohne Nebenwirkung. Ein Grund mehr, nur in Ausnahmesituationen darauf zurückzugreifen. Anders verhält sich das bei Entspannungsmethoden, natürlichen Mitteln sowie einfachen, aber effektiven Ratschlägen. Sie eignen sich zur Dauertherapie, helfen zuverlässig, bergen keine Risiken und auch keine unerwünschten Nebenwirkungen.

Zum inneren Gleichgewicht finden

Oft sind massive Schlafstörungen auf eine tiefe seelische Unruhe zurückzuführen. Den Betroffenen fällt es schwer, sich von der Anspannung des Tages zu lösen und sich abends wohltuender Entspannung hinzugeben.

Abendliche Unruhe, Grübeleien und trübe Gedanken gehören mit zu den größten Schlaffeinden. Doch keine Bange! Die gestörte Harmonie lässt sich durch zahlreiche sanfte Maßnahmen wiederherstellen.

Vor allem im ostasiatischen Kulturkreis sind Entspannungstechniken entwickelt worden. Einige davon sind auch für Europäer erlernbar.

Mit der Darlegung einzelner Entspannungstechniken ließen sich allerdings ganze Bibliotheken füllen. Im nächsten Kapitel greifen wir daher nur das wichtigste Entspannungsverfahren, nämlich das autogene Training, heraus. Wissenschaftliche Studien belegen, dass sich diese Übungen besonders gut gegen Schlafstörungen bewährt haben.

ANDERE ENTSPANNUNGSMETHODEN

Yoga; Atemübungen; Tiefenentspannung nach Jacobson; Akupressur; Qi Gong; Reflexzonentherapie; Shiatsu; Biofeedback oder Meditation. Wenn Sie eine dieser Entspannungsübungen interessiert, erkundigen Sie sich bei Volkshochschulen, Gemeinden, Gesundheitszentren oder Therapeuten nach Kursen.

Nachts poltern die Plagegeister unserer Gedanken oft besonders laut. Man weiß nicht, wie man seinen düsteren Gefühlen entkommen soll. Dabei ist das gar nicht so schwer, denn abschalten kann man lernen. Genauso lassen sich organisch bedingte Probleme durch natürliche Therapieformen positiv beeinflussen. Allerdings geht das nicht von heute auf morgen. Regelmäßiges Üben, Motivation und Geduld sind eine wichtige Voraussetzung für einen erfolgreichen Heilungsprozess. Entspannungsverfahren lernt man am besten, wenn man sich in einer stabilen seelischen Verfassung befindet. In akuten Krisen fällt es oft schwer, die notwendige Konzentration aufzubringen.

Äußere Umstände lassen sich am einfachsten ändern – der erste Schritt zur Besserung. Wer bestimmte Entspannungstechniken beherrscht, kann in jeder beliebigen Situation darauf zurückgreifen.

Schlaffördernde Maßnahmen

Bevor Sie sich mit einer bestimmten Entspannungsmethode befassen, sollten Sie sich einige Ratschläge zu Herzen nehmen. Häufig verbessern nämlich bereits ganz einfache Verhaltensregeln den schlechten Schlaf.

→ Gehen Sie nie schlafen, nur »weil es an der Zeit« ist. Hören Sie lieber auf Ihre innere Uhr. Stehen Sie möglichst jeden Morgen um die gleiche Zeit auf – auch am Wochenende. Dadurch erhalten Sie sich einen ungestörten Wach-Schlaf-Rhythmus.

→ Lassen Sie den Tag in Ruhe ausklingen. Schalten Sie spätestens 30 Minuten vor dem Schlafengehen den Fernseher aus. Legen Sie besänftigende Musik auf, lesen Sie ein Buch, oder plaudern Sie mit Ihrem Partner.

→ Schwere Mahlzeiten am Abend bringen Magen und Darm in Bewegung. Der Schlaf wird unruhig.

→ Verzichten Sie nach dem Abendessen auf Kaffee, Schwarztee oder Cola. Und denken Sie daran: Auch Alkohol ist kein Schlafmittel.

→ Gönnen Sie sich am Wochenende eine ausgedehnte Siesta. So können Sie Ihr wöchentliches Schlafdefizit ausgleichen.

Positives Denken und körperliche Bestätigung

→ Lernen Sie positives Denken. Gedanken und Gefühle beherrschen unser Verhalten und damit unser ganzes Leben. Wer einen glücklichen Tag hinter sich hat, der schläft auch besser.

Vieles, was Ihnen den Schlaf raubt, können Sie vermeiden. Verbessern Sie Ihre Lebensqualität.

→ Wenn Sie ein Problem oder aufwühlende Erlebnisse beschäftigen, führen Sie am besten ein Tagebuch. Schreiben Sie vor dem Schlafengehen Ihre Gedanken auf, statt Ihre Sorgen mit ins Bett zu nehmen. Ihnen wird mit der Zeit vieles klarer werden.

→ Entspannungstechniken können Ihnen auch während des Tages helfen, Abstand zu Termindruck und Stress zu finden.

→ Sorgen Sie für einen körperlichen Ausgleich. Regelmäßiger Sport wirkt sich sehr günstig auf den Schlaf aus. Er hilft bei organisch bedingten Schlafstörungen und harmonisiert obendrein das Nervenkostüm. Halten Sie sich durch Spaziergänge fit. Steigen Sie Treppen, anstatt einen Lift zu benutzen. Nehmen Sie für kürzere Strecken das Fahrrad, und lassen Sie das Auto in der Garage stehen.

Hinweis: Beenden Sie den Sport einige Stunden vor dem Schlafengehen, denn durch die Bewegung erhöht sich die Körpertemperatur, und es dauert mehrere Stunden, bis sie wieder fällt. Erst dann wird man aber wieder müde.

Zufriedenheit als Voraussetzung für gesunden Schlaf

Wer mit sich selbst zufrieden ist, der leidet selten unter Schlafproblemen.

Setzen Sie sich kritisch mit folgenden Fragen auseinander: »Was macht mich glücklich?« und »Wie kann ich Erfüllung in meinem Leben oder meinem Beruf finden?« Falls Sie sich mit der Beantwortung dieser Fragen überfordert oder alleine gelassen fühlen, suchen Sie am besten eine Selbsthilfegruppe auf. Adressen und Kontakte bekommt man in der Regel über die Gemeinde.

➜ Lachen Sie sooft wie möglich. Eine einzige Minute Lachen bringt genauso viel wie 45 Minuten Entspannung!

➜ Kontrollieren Sie Ihre Atmung. Mit der richtigen Technik fällt das Einschlummern leichter. Führen Sie folgende Übung regelmäßig im Bett durch: Schließen Sie die Augen, und atmen Sie langsam und tief ohne große Anstrengung durch. Die Luft kurz anhalten, dann ausatmen. Ein paar Sekunden warten und wieder einatmen. Die kleine Pause zwischen den Atemzügen wirkt beruhigend auf das Nervensystem.

Die richtige Atemtechnik bringt Sie zur Ruhe und geleitet Sie in einen tiefen, erholsamen Schlaf.

➜ Schon ein paarmal gleichmäßig und tief in den Bauch zu atmen, erleichtert das Einschlafen. Atmen Sie über den Tag verteilt mehrmals tief ein, um langsam von der flachen Brustatmung wieder zu einer tiefen Bauchatmung zurückzufinden. Diese versorgt den Körper besser mit Sauerstoff. Achten Sie darauf, dass sich bei der natürlichen Tiefatmung zunächst der Bauch, dann erst der Brustkorb dehnt.

➜ Entspannen Sie sich durch Wärme. Die einfachste Methode: Die Hände auf den Bauch legen. Dadurch fließt die Energie besser, und das Nervensystem wird beruhigt.

Noch intensiver ist der Effekt mit einer Wärmflasche, die man auf den Bauch – direkt über den Nabel – legt.

→ Wenn Sie unter Schlafstörungen leiden, sollte der Mittagsschlaf für Sie tabu sein! Folgen Sie den Signalen Ihres Körpers, und schlafen Sie, wenn er das fordert. Versuchen Sie nicht, den toten Punkt zu überwinden!

Schlafrituale und Einschlafhilfen

Feste Rituale geben dem Körper klare Signale für die bevorstehende Ruhepause.

→ Schaffen Sie sich Schlafrituale! Spulen Sie Abend für Abend um die gleiche Uhrzeit dasselbe Programm ab, sei es, dass Sie ein Kreuzworträtsel lösen, Musik hören oder noch eine warme Tasse Milch trinken. Die kleinen Zeichen geben dem Körper zu verstehen, dass er sich auf den Schlaf einstellen soll.

→ Wenn Sie lange wach liegen, versuchen Sie es mit Fantasiereisen und Imagination. Stellen Sie sich beruhigende Bilder und Szenen vor, um dadurch die Anspannung zu lösen. Das kann ein Sonnenaufgang oder ein Flug über eine schöne Landschaft sein.

→ Die beste Einschlafhilfe ist übrigens Sex. Beim Orgasmus wird ein Hormoncocktail ausgeschüttet, der sehr entspannend wirkt.

Wenn Sie nicht wieder einschlafen können, ist alles erlaubt – nur keine Aufregung.

→ Versuchen Sie, vor dem Einschlafen total abzuschalten und sämtliche Alltagsprobleme aus Ihren Gedanken zu verbannen. Hilfreich sind Autosuggestion oder Yoga. Oft reicht es auch schon, die Dinge, die man am nächsten Tag erledigen will, auf einem Zettel niederzuschreiben. So verlagert man sie nach außen. Wenn Sie nachts aufwachen und nicht mehr einschlafen können, stehen Sie nach etwa 15 Minuten auf. Gehen Sie in ein anderes Zimmer, und beschäftigen Sie sich mit etwas Angenehmem, beispielsweise Musik hören oder ein Buch lesen. Auf keinen Fall sollten Sie aber richtig aktiv werden und anfangen, Ihre Wäsche zu bügeln oder aufzuräumen. Warten Sie, bis Sie wirklich müde sind und das Gefühl haben, wieder einschlafen zu können.

Autogenes Training

»Spaziergang ins Innere« oder »Yoga des Westens« wird das autogene Training (AT) bei uns auch genannt. Es zählt zu den wichtigsten Methoden der Tiefenentspannung. Während der Übungen gerät man in einen Zustand der Selbsthypnose, in dem man unbewusst ablaufende Körperfunktionen positiv beeinflusst. In dieser schlafähnlichen Verfassung erreicht man eine tiefe seelische und körperliche Entspannung. Mit Hilfe des autogenen Trainings lernen Sie, sich langsam von schlaffeindlichen Gefühlen wie Stress, Angst und Anspannung zu lösen. Aber auch ein angeschlagener oder kranker Körper erholt sich nachweislich durch die Wirkweise der Übungen.

Beim autogenen Training lernen Sie Ihren Körper und Geist zu beherrschen.

Da diese Methode von einem Arzt entwickelt wurde, erfreut sich dieses alternative Verfahren auch unter Medizinern großer Beliebtheit. Der Erfinder Johannes Schultz (1884–1970), ein Berliner Nervenarzt, bezeichnete das AT als Methode der konzentrativen Selbstentspannung und Autosuggestion. Er wusste, dass Menschen mit ihrem Geist erheblichen Einfluss auf ihren Körper nehmen können. Man muss sich lediglich bestimmte Vorstellungen regelmäßig und bewusst einprägen.

Entspannungshilfe bei Schlafstörungen

Durch das AT erreichen Fortgeschrittene gezielt eine Entspannung der Muskeln und eine Erweiterung der Blutgefäße. Des weiteren lernt man Herz und Atmung zu regulieren. Bei diesen Wirkungen handelt es sich übrigens keineswegs um Einbildung. Wissenschaftler stellten einen veränderten Hautwiderstand und eine Erhöhung der Hauttemperatur von zwei bis drei Grad fest. Auch die Produktion des Stresshormons Kortisol reduziert sich nachweislich.

Der Erfolg des autogenen Trainings ist wissenschaftlich nachgewiesen und unbestritten.

Mithilfe des autogenen Trainings bekämpft man aber nicht nur erfolgreich Schlafstörungen. Man entkrampft gleichzeitig den Magen-Darm-Trakt, lindert Migräne und normalisiert Bluthochdruck. Zu guter Letzt verringert regelmäßiges Üben Angstzustände, es verbessert die Konzentration, baut Unruhe, Depressionen und Hemmungen ab.

Natürlich lässt sich auch über das autogene Training der Schlaf nicht herbeizwingen. Mit der nötigen Portion Geduld und intensiver Konzentration werden Sie aber lernen, Ihre körperlichen Empfindungen zu steuern. Wer sich wiederholt vorsagt: »Mein Bauch wird warm«, wird tatsächlich nach einiger Zeit genau das empfinden. Am besten lernt man das autogene Training zunächst unter fachlicher Anleitung. Anfangs treten nämlich oft Probleme auf, die man mit kompetenter Hilfe leichter bewältigt. Wenn man die Übungen einmal beherrscht, kann man sie alleine und an jedem beliebigen Ort durchführen. Kurse werden heute unter anderem von Krankenkassen, Volkshochschulen, Gesundheitszentren und Therapeuten angeboten.

Kurse für autogenes Training gibt es für jede Altersstufe. Sie werden häufig ärztlich empfohlen.

Autogenes Training und Yoga können bei Schlafstörungen für Linderung sorgen oder sogar das Problem lösen.

Die richtige Vorgehensweise

Legen Sie sich mit dem Rücken auf den Boden. Ihr Kopf ruht leicht erhöht auf einem kleinen Kissen. Beine und Füße sollten etwas gespreizt sein, die Arme liegen locker neben dem Körper. Stattdessen können Sie sich aber auch entspannt in Droschkenkutscherhaltung auf einen Stuhl setzen. Beugen Sie dabei Kopf und Oberkörper leicht nach vorn, öffnen Sie die Beine etwas, und legen Sie die Arme locker auf die Oberschenkel.

Sie lernen, Ihr ganzes Gewicht an die Unterlage, auf der Sie liegen, abzugeben.

Die Grundstufe des autogenen Trainings besteht aus sechs Einzelübungen. Für jede Übung sollten Sie sich etwa zwei Wochen Zeit nehmen, so dass Sie insgesamt zwölf Wochen für das Grundprogramm benötigen. Erst dann führen Sie alle Übungen hintereinander am Stück durch, und zwar am besten morgens vor dem Aufstehen und abends vor dem Einschlafen. Richtig angewandt bewirkt das autogene Training in kurzer Zeit intensive Erholung.

Schließen Sie vor jeder Übung die Augen. Das ermöglicht eine tiefere Konzentration. Sagen Sie sich die verschiedenen Formeln wie »Mein rechter Arm ist schwer« immer vor, und unterstützen Sie diese durch Ihre Vorstellungskraft. Stellen Sie sich beispielsweise vor, wie Sie einen sehr schweren Koffer tragen. Erst wenn Sie fühlen, dass Ihr rechter Arm immer schwerer wird, konzentrieren Sie sich auf den nächsten Spruch: »Mein linker Arm wird schwer«. Wiederholen Sie diese Formel im Stillen einige Male.

Wer sich vorstellt, an einem Strand in der Sonne zu liegen, wird bemerken, dass es ihm wohlig warm wird.

Alle Übungen geschehen in absoluter Ruhe. Zum Abschluss der Gesamtübung nehmen Sie die Entspannung zurück, indem Sie Ihre Gliedmaßen leicht anspannen wie beim morgendlichen Recken und Strecken. Dies führt Sie in den normalen Wachzustand zurück. Übt man zum Einschlafen, nimmt man die Entspannung nicht zurück. Im Bett empfehlen sich besonders die Übungen Ruhe, Schwere, Wärme und Atmung.

Schwereübung

Sie werden sehen, dass Sie sich mit Hilfe dieser Übungen bald besser fühlen.

Nach der Ruheformel »Ich bin ganz ruhig und entspannt« folgen die Sätze: »Mein rechter Arm ist schwer«, »Mein linker Arm ist schwer«, »Mein rechtes Bein ist schwer«, »Mein linkes Bein ist schwer«. Stellen Sie sich vor, dass Sie mit dem jeweiligen Körperteil ein schweres Gewicht heben.

Wärmeübung

Hier lernen Sie, sich auf das entstehende Wärmegefühl zu konzentrieren. »Meine Arme sind warm«, »Meine Beine durchflutet Wärme.« Stellen Sie sich vor, in der Sonne zu liegen.

Atemübung

»Mein Atem geht ruhig, rhythmisch und regelmäßig«. Versuchen Sie nicht, auf eine bestimmte Weise zu atmen. Bleiben Sie passiv. Lassen Sie die Atmung einfach geschehen. Denken Sie an einen Vogel, der frei durch die Lüfte schwebt.

Übung für die Bauchorgane

»Mein Bauch wird von Wärme durchströmt.« Stellen Sie sich bei dieser Übung möglichst intensiv eine Wärmflasche auf Ihrem Bauch vor.

Herzübung

Wiederholen Sie immer wieder den Satz »Mein Herz schlägt ruhig und kräftig.« Denken Sie dabei an den regelmäßigen Schlag eines Ruders, das ein Boot kräftig vorwärts zieht.

Stirnübung

Beginnen Sie mit »Meine Stirn ist angenehm kühl«. Abschluss: »Ich bin ganz ruhig und entspannt.« Stellen Sie sich vor, ein leichter Lufthauch berührt Ihre Stirn. Abends vor dem Einschlafen sollten Sie diese Übung weglassen.

Naturheilmittel und Kräuter

»Gegen alles ist ein Kraut gewachsen«, heißt es im Volksmund. Das stimmt, denn auch gegen schlaflose Nächte findet man in der Schatzkiste von Mutter Natur einige Kostbarkeiten. In Blüten, Blättern und Wurzeln vieler Pflanzen stecken schlaffördernde Substanzen. Diese so genannte sanfte Medizin macht nicht wie die chemischen Zeitbomben abhängig und hat bei richtiger Dosierung keine Nebenwirkungen. Trotzdem handelt es sich auch hierbei um Medikamente, die in natürliche Vorgänge unseres Körpers eingreifen. Man darf deshalb nicht den Fehler machen, die Wirkung der pflanzlichen Präparate zu verharmlosen.

Beraten Sie sich vor der Einnahme ausführlich mit dem Apotheker oder Ihrem Arzt. Bei den meisten Sorten sollte eine Anwendung nicht länger als drei Wochen dauern. Viele Heilpflanzen kann man pur, in Form von Tinkturen, Tee, Trockenkräutern, Tropfen oder Aromaölen kaufen. Achten Sie darauf, dass die pflanzlichen Medikamente (Phytotherapeutika) keine chemischen Zusätze enthalten.

Auch scheinbar harmlose pflanzliche Mittel sollte man nicht über einen längeren Zeitraum – mehr als drei oder vier Wochen – einnehmen, ohne sich mit einem Arzt darüber abgesprochen zu haben.

Heilpflanzen lindern Schlafprobleme

In leichteren Fällen bestehen gegen Selbsthilfe mit Heilpflanzen keine Bedenken. Favoriten unter den schlaffördernden Pflanzen sind Baldrian, Hopfen und Melisse. Gleich darauf folgen Johanniskraut, Dill, Lavendel und die Passionsblume. Auf dem dritten Platz landen unter anderem Klatschmohn, Linde, Thymian, Waldmeister, Kamille, Minze, Anis und Hafer. Bedenken Sie: Auch natürliche Heilmittel lösen Schlafprobleme nicht auf Dauer, wenn Sie nicht gleichzeitig versuchen, den Ursachen auf den Grund zu gehen.

Die pflanzlichen Wirkstoffe werden auch in verschiedenen Kombinationen angeboten. So können Sie häufig zwischen Tees oder Tropfen wählen.

Baldrian

Baldrian wirkt beruhigend, schlaffördernd und stimmungsstabilisierend.

Die beruhigende Wirkung des Baldrians war schon den alten Ägyptern bekannt. Zu bevorzugen ist europäischer Baldrian (Valeriana officinalis), denn indischer oder mexikanischer Baldrian enthalten Stoffe, die häufig Magen-Darm-Beschwerden auslösen. Aus den Wurzeln des Baldrians wird ätherisches Öl extrahiert. Geeignet ist seine Einnahme bei nervös bedingten Einschlafstörungen oder Unruhezuständen. Nebenwirkungen oder Wechselwirkungen mit anderen Arzneimitteln sind nicht bekannt.

Rezept: Für eine Teezubereitung gießt man ein- bis mehrmals täglich etwa zwei bis drei Gramm Baldrianwurzel pro Tasse auf. Das heiße Gebräu soll fünf Minuten ziehen. Stärker wirken zwei Teelöffel von der Wurzel, die man mit einem Viertel Liter kaltem Wasser aufgießt und etwa 12 Stunden in einem bedeckten Gefäß ziehen lässt. Davon trinkt man tagsüber eine und abends ein bis zwei Tassen.

Wenn Ihnen das zu aufwendig ist oder Sie keinen Tee mögen: Baldrian gibt es auch in Form von Tropfen, Kapseln, Tabletten oder Dragees.

Hopfen

Hopfen hilft gegen Unruhe, Angstzustände und Schlafstörungen.

Das Volk der Sumerer, die ersten Bierbrauer der Welt, hatte eine interessante Entdeckung gemacht: Sklaven, die mit Hopfen arbeiteten, ermüdeten schnell und hatten ein großes Schlafbedürfnis. Heute extrahiert man, genau aus diesem Grund, aus den Zapfen des weiblichen Hopfens ätherische Substanzen und Bitterstoffe. Sie enthalten den Wirkstoff Lupolen, der die Erregbarkeit des Zentralnervensystems herabsetzt und deshalb bei Schlafstörungen eingesetzt wird.

Rezept: Als Einzeldosis nimmt man in der Regel 0,5 Gramm Hopfenzapfen ein. In den Apotheken bekommt man Hopfen auch als fertige Zubereitung. Wer Tee vorzieht, stellt ihn als Aufguss mit einem Teelöffel Hopfen pro Tasse her. Das heiße Gebräu sollte zehn Minuten ziehen. Trinken Sie morgens und mittags je ein bis zwei Tassen – jedoch nicht mehr. Bei einer Überdosierung kann es zu unerwünscht starker Schläfrigkeit, zu einer Reizung der Haut und zu Menstruationsstörungen kommen.

Hopfen-Baldrian-Kombinationen wirken besonders gut.

Melisse

Wenn man die Blätter der Melisse zwischen den Fingern zerreibt, riechen sie erfrischend nach Zitrone. Auch hier ist das gewonnene ätherische Öl der Hauptträger der schlafördernden Inhaltsstoffe. Melissenblätter gelten als natürliche Tranquilizer bei nervösen Einschlafstörungen, bei Unruhezuständen und Magen-Darm-Beschwerden.
Rezept: Man überbrüht einen Teelöffel frische oder getrocknete Melissenblätter mit einer Tasse kochendem Wasser. Das Ganze soll zehn Minuten ziehen. Dann seihen Sie die Blätter ab und trinken über den Tag verteilt drei Tassen.

ANGENEHMER SCHLAF DURCH AROMATHERAPIE

Auch bestimmte Gerüche entfalten eine beruhigende und harmonisierende Wirkung. Deshalb ist als leichter Schlafförderer auch die Aromatherapie geeignet. Beliebte Düfte sind beispielsweise Lavendel, Vanille, Baldrian und Geranium. Es gibt drei Möglichkeiten, die Düfte zu ihrer heilsamen Entfaltung zu bringen.

1. Geben Sie einige Tropfen eines ätherischen Öls abends in eine Duftlampe.
2. Legen Sie ein Kräuterkissen unter Ihr Kopfkissen.
3. Geben Sie die Düfte in Form von Ölen oder Salzen in das Badewasser.

Die Aromatherapie wirkt auf der Grundlage von aromatischen Gerüchen.

Johanniskraut

Die Behandlung von emotionalen Störungen ist in aller Regel langwierig. Haben Sie deshalb etwas Geduld.

Als »natürliche Glückspille« bezeichnet man diese Pflanze gerne. Nach alter Weisheit soll das Kraut sogar böse Geister vertreiben. Johanniskraut wirkt beruhigend und ist vor allem bei depressiven Verstimmungen, Wetterfühligkeit, Angst und Unruhe empfehlenswert, weil es eine stimmungsaufhellende Wirkung aufweist.

Wissenschaftliche Studien belegen, dass die Heilpflanze ähnlich wirksam wie synthetische Antidepressiva und Tranquilizer das Nervensystem und Seelenleben beeinflusst – jedoch mit dem Vorteil, keine Nebenwirkungen aufzuweisen. Ein Wirkstoff des Johanniskrauts ist das Hyperizin. Es übt eine leicht beruhigende Wirkung aus. Dieser Stofft hilft beispielsweise auch bei depressiven Zuständen. Nach etwa vier bis sechs Wochen ist bei der Behandlung mit Johanniskraut eine deutliche Besserung der Stimmungslage und der Fähigkeit, sich zu entspannen, zu erkennen. Da das Kraut zwar nachhaltig, aber langsam hilft, stellt sich die optimale Wirkung meist erst nach acht bis zehn Wochen ein. Bei Bedarf kann man die Kur aber auch drei bis vier Monate durchführen.

Rezept: Verschiedene Fertigprodukte (Tropfen und Dragees) gibt es in der Apotheke. Als Tee wirkt das Johanniskraut etwas schwächer.

Östliche Massagetechniken

Zwar sind alle Massagetechniken wohltuend, aber nicht alle sind medizinisch anerkannt.

Zu den ältesten Heilmethoden der Menschheit zählt die Massage. Eine Massage verwöhnt Seele, Geist und Körper gleichzeitig. Deshalb wirkt sie in einer entspannten Atmosphäre auch ideal als Beruhigungs- und Schlafmittel. Besonders beliebt sind Akupressur und ayurvedische Ölmassage. Bei regelmäßiger Anwendung beeinflussen sie unser Schlafverhalten günstig.

Akupressur

In der ganzheitlich ausgerichteten chinesischen Medizin findet man zahlreiche Heilverfahren gegen Schlaflosigkeit, darunter als einfachste die Selbstmassage. Bei der Akupressur handelt es sich um eine Druckmassage. Mit der Fingerkuppe drückt man bestimmte Punkte am Körper. Sie liegen an Leitbahnen (Meridianen), durch die nach Auffassung der chinesischen Mediziner unsere Körperenergie (Qi) fließt. Ist beispielsweise unser Energiefluss durch Schlafmangel blockiert, wird er mit dem Massieren der einzelnen Punkte wieder gelöst.

WANN SOLLTEN SIE AUF AKUPRESSUR VERZICHTEN?

→ *Kurz vor oder nach dem Essen*

→ *Während der Menstruation oder Schwangerschaft*

→ *Bei gespannter Bauchdecke, die auf eine Erkrankung hinweisen könnte*

→ *Bei einer Infektion, bei Vergiftungen oder Geschwülsten*

Reiben Sie vor der Behandlung stets Ihre Handflächen gegeneinander, bis sie warm werden. Sorgen Sie für eine ruhige und angenehme Umgebung. Konzentrieren Sie sich während der Massage ganz auf Ihren Körper. Massieren Sie sanft und kreisend mit dem Zeige- oder Mittelfinger etwa fünf Sekunden lang wiederholt einen Punkt. Der Druck soll fester als ein Streicheln, aber niemals unangenehm sein. Wenn Sie die nachfolgenden Techniken regelmäßig ausüben, wird die Schlaflosigkeit allmählich gelindert und später sogar behoben.

Ein Tropfen Vanille- oder Lavendelöl verstärkt den beruhigenden Effekt der Akupressur.

Vier Massageübungen

Von den hier beschriebenen vier Massageübungen wenden Sie die ersten beiden am besten tagsüber und die anderen beiden vor dem Schlafen an.

→ Kopfmassage: Reiben Sie Ihr Gesicht mit den Handflächen zehn- bis zwanzigmal. Massieren Sie den zwischen den Augenbrauen liegenden Punkt Yintang mit den Spitzen der Mittelfinger dreißigmal. Anschließend massieren Sie Ihre Augenbrauen entlang und den Punkt Taiyang auf der rechten und der linken Schläfenseite jeweils dreißigmal. Am Ende sollten Sie das Gefühl von einem leicht ziehenden Schmerz und einer Schwellung haben.

→ Ohrenmassage: Massieren Sie die beiden Ohrmuscheln abwärts mit Daumen und Zeigefinger zwanzigmal (Daumen hinten, Zeigefinger vorne). Reiben Sie dann die Ohrläppchen in derselben Weise dreißigmal. Am Schluss sollte an den Ohren ein Gefühl der Wärme entstehen.

→ Bauchmassage: Legen Sie sich auf den Rücken. Massieren Sie den Bauch abwechselnd mit der einen Handfläche im Uhrzeigersinn zwanzigmal und mit der anderen Hand gegen die Uhrzeigerichtung ebenfalls zwanzigmal. Die Massage hilft nicht nur gegen Schlaflosigkeit, sondern stärkt auch den Magen.

→ Fußgewölbemassage: Diese Massage können Sie durchführen, während Sie ein heißes Fußbad mit rund 45°C nehmen. Das Wasser sollte bis über die Knöchel reichen. Nachdem die Füße rot geworden sind, massieren Sie an beiden Füßen den Akupressurpunkt Yongquan, der sich in der Mitte des Fußgewölbes befindet, bis zu neunzigmal. Diese Massage hat mehrere Wirkungen. Sie reguliert die Leberfunktion, stärkt den Magen und verhilft zu ruhigem Schlaf.

Die Massage des Fußgewölbes wirkt in besonderem Maße auf die Leberfunktion und stärkt den Magen.

Ayurvedische Ölmassage

Ein gutes Leben ist im ayurvedischen Sinne auch immer ein gesundes und schönes Leben. Die altindische Heilslehre blickt ebenso wie die chinesische Medizin auf eine jahrtausendealte Tradition zurück. Sie strebt einen harmonischen Gesamtzustand des Patienten an.

Ölmassagen haben nicht nur einen besonders entspannenden, sondern auch einen kosmetischen Effekt.

Halten Sie sich bei der Massage an folgende Regeln: Massieren Sie den Körper mit den Handflächen und nicht mit den Fingerspitzen. Kreisförmige Bewegungen machen Sie über runden Körperteilen, wie Kopf oder Gelenken. Gerade Streichbewegungen führen Sie über geraden Körperteilen aus, zum Beispiel Nacken und Schienbein. Massieren Sie den Körper mit mäßigem Druck, die Bauchregion und über dem Herzen aber nur mit leichtem Druck. Benutzen Sie kaltgepresstes Sesamöl. Wärmen Sie das Öl vor der Anwendung etwas an. Legen Sie etwa ein Fläschchen vorher in ein heißes Wasserbad.

Schaffen Sie eine angenehme Atmosphäre. Sorgen Sie dafür, dass Sie nicht gestört werden, legen Sie ruhige Musik auf, oder zünden Sie eine Kerze an. Diese Massage wird Ihnen mit Sicherheit einen schnellen Einstieg in den Schlaf erleichtern.

Eine angenehme Nebenwirkung: Sie beschäftigen sich ausschließlich mit Ihrem eigenen Wohlbefinden.

→ Geben Sie eine kleine Menge Öl auf Ihre Handflächen und massieren Sie zuerst mit festen kreisförmigen Bewegungen die Kopfhaut.

→ Kreisen Sie dann etwas leichter über Ihr Gesicht und Ihre Ohren. Beginnen Sie unten am Kinn. Kreisen Sie ausgiebig über Ihrer Stirn. Sie ist die wichtigste Reflexzone für den Schlaf.

→ Vergessen Sie nicht, jedesmal ein bisschen Öl zu nehmen.

→ Streichen Sie jetzt über Vorder- und Rückseite des Halses und den oberen Bereich der Wirbelsäule.

→ Massieren Sie kräftig die Arme. Kreisend an Schulter und Ellbogen, mit langen auf- und abstreichenden Bewegungen an Ober- und Unterarmen.

Auch wenn Ihnen diese Ölmassage anfangs etwas ungewöhnlich vorkommt, sollten Sie sie dennoch einmal ausprobieren. Denn sicher ist: Sie tun sich damit etwas Gutes, entspannen und vielleicht lösen Sie damit ja auch Ihr Schlafproblem.

→ Massieren Sie Herz und Bauch. Beginnen Sie sanft und im Uhrzeigersinn am linken Unterbauch, und enden Sie mit kreisenden Bewegungen am rechten Unterbauch. Verweilen Sie hier länger, denn die untere Bauchregion gehört ebenfalls zu den wichtigen Reflexzonen des Schlafes.

→ Versuchen Sie nun, Rücken und Wirbelsäule zu massieren. Es spielt keine Rolle, dass Sie mit Ihrer Hand nur bestimmte Partien erreichen.

→ Massieren Sie die Beine kräftig. Arbeiten Sie mit kreisenden Bewegungen an Hüften, Knien und Knöcheln und mit langen an Ober- und Unterschenkeln.

→ Streichen Sie abschließend kräftig mit den Handflächen über Ihre Fußsohlen.

→ Nehmen Sie nach Beendigung der Massage ein warmes Bad.

Wundermittel Wasser

Wasser, das uns überhaupt das Leben auf diesem Planeten ermöglicht, hilft uns auch, gesund zu bleiben.

Wasser zählt zu den wahren Wundermitteln und gehört wie die Heilkräuter zu den uralten Arzneien. Die ersten schriftlichen Hinweise auf die Anwendung des Wassers als Heilmittel findet man im Tempel des Äskulap, des griechischen Gottes der Heilkunde. Seither nutzten Generationen von Menschen das köstliche Nass als Medizin.

Kneippsches Schlafkonzept

Im vorigen Jahrhundert entwickelte der Pfarrer Sebastian Kneipp ein komplettes Heilsystem von Wasseranwendungen. Hierbei gibt es zahlreiche Methoden, die schlaffördernd und beruhigend wirken. Bei Wasser handelt es sich um ein natürliches Heilmittel, das dem ganzen Körper zugute kommt. Es wird auf vielfältige Weise und ohne schädliche Nebenwirkungen gegen allerlei Beschwerden eingesetzt. Wasser spricht ganzheitlich Seele, Körper und Geist an. Vielleicht ist die Wassertherapie unter anderem deshalb so wirksam, weil sie uns auch Genuss bereitet.

Manche Wissenschaftler behaupten, dass wir uns im Wasser so wohl fühlen, weil das Meer unser ursprüngliches Element ist. Das köstliche Nass regt die Durchblutung an, stärkt Herz und Kreislauf, und es kann sowohl nervenberuhigend als auch aktivierend wirken.

Wasserbehandlungen kräftigen unseren Körper, sie helfen bei der Entschlackung und Stressbewältigung. Das wiederum beugt Schlafstörungen vor. Bei nervöser Schlaflosigkeit wirken alle Behandlungen mit Wasseranwendung, die den Körper kräftigen und widerstandsfähig machen. Dazu gehören unter anderem Wasser- und Tautreten, Brustschwimmen, Saunagänge, kurze kalte und warme Vollbäder, kalte Abreibungen, Fußwechselbäder, Kompressen auf dem Kopf oder in der Kreuzgegend.

Wasserbehandlungen gehören zu den einfachsten und günstigsten Methoden, um Schlafstörungen zu bekämpfen. Wichtig ist nur, aus der Vielzahl der unterschiedlichen Anwendungen die passenden herauszufinden.

Wer einen schlechten Schlaf hat, sollte nicht mit kalten Füßen ins Bett gehen. Ein kurzes heißes Fußbad, das gleichzeitig dem Blutandrang zum Kopf entgegenwirkt, schafft Abhilfe.

Nachfolgend finden Sie einige Ratschläge rund ums Wasser, die einen erholsamen Schlaf begünstigen.

Vollbad oder Fußbad

Nehmen Sie abends ein warmes Vollbad, in das Sie einige Tropfen Öl, beispielsweise Baldrian, Melisse oder Lavendel, hineingeben. Besonders gut entspannt man sich, wenn die Wassertemperatur langsam von 35 auf 39°C erhöht wird. Länger als 20 Minuten sollte das Vergnügen aber nicht dauern. Wer weniger Zeit hat, kann einen ähnlich positiven Effekt mit einem warmen Fußbad erzielen. Danach die Füße gründlich abrubbeln und sofort ins Bett gehen.

Kalte Körperabwaschung

Kalte Körperwaschungen wirken Wunder: Sie werden entspannt einschlummern.

Um eine äußerst wirksame, wenngleich auch etwas ungemütlich anmutende Einschlafhilfe handelt es sich bei der kalten Körperabwaschung. Man nennt sie manchmal auch Schlafwaschung, weil sie die Müdigkeit förmlich herbeizuziehen scheint. Waschen Sie Ihren Körper mit einem kühlen, feuchten Handtuch ab. Länger als eine Minute sollte die Waschung jedoch nicht dauern, weil Ihnen dabei nicht kalt werden darf. Gehen Sie dann sofort ins Bett, ohne sich vorher abzutrocknen. Decken Sie sich danach gut zu!

Wenn Sie an Durchschlafstörungen leiden und nachts aufwachen, kann auch eine kalte Teilwaschung wahre Wunder wirken. Reiben Sie dafür zügig den Unterkörper mit einem feuchten Tuch ab. Dabei gehen Sie in dieser Reihenfolge vor: rechtes Bein außen, dann innen; linkes Bein außen, dann innen. Es folgen die Fußsohlen, schließlich Hüfte und Gesäß. Wieder schlüpfen Sie ohne sich abzutrocknen ins Bett, wo Sie hoffentlich bald einschlafen.

Schlafstrümpfe oder kalte Wadenwickel

Für die wohltuenden kalten Wadenwickel tunken Sie zwei Leinentücher in kaltes Wasser, und wickeln Sie diese anschließend eng um Ihre Unterschenkel. Legen Sie sich dann entspannt hin, und decken Sie sich mit einer Wolldecke zu. Es entsteht bereits nach kurzer Zeit ein angenehmes und beruhigendes Wärmegefühl. Etwa nach 20 Minuten sollten Sie die Tücher wieder wegnehmen und ins Bett gehen.

Kaltes Armbad

Nach Sebastian Kneipp wirkt sich auch ein kaltes Armbad (bis 15°C) mit zehn bis dreißig Sekunden Dauer positiv auf unseren Schlaf aus. Es beruhigt nachweislich ein erregtes Herz und leitet außerdem Blut vom Kopf ab.

Sauna

Legen Sie sich niemals direkt nach dem Saunabesuch ins Bett, sondern warten Sie etwa drei Stunden.

Ein Saunabesuch wirkt zunächst erfrischend und anregend, ist folglich unmittelbar vor dem Schlafengehen nicht zu empfehlen. Dafür schlummert man aber drei Stunden später umso besser. Wissenschaftler haben nachgewiesen, dass man durch regelmäßige Saunabesuche die Einschlafzeiten verkürzen und die Tiefschlafphasen um bis zu 45 Prozent steigern kann. Um das optimale Ergebnis zu erzielen, besuchen Sie möglichst einmal wöchentlich die Schwitzkabine.

Thalasso-Therapie

Wenn Sie unter Schlafproblemen leiden, gönnen Sie sich in einer Beauty-Farm eine Thalasso-Therapie. Die Meerwasserkur hilft dem Körper, wieder zu einem gesunden Schlafrhythmus zurückzufinden. Auf dem Programm stehen dabei z. B. Entspannungstherapie im Schwimmbecken oder Salzwasserbäder. Informieren Sie sich bei Ihrem Reisebüro über Kuren. Sie können die Thalasso-Kur aber auch zu Hause durchführen, etwa mit Duschtabletten die Salz aus dem Toten Meer enthalten.

Wie man sich bettet, so schläft man

Ihre Traumwerkstatt können Sie nicht sorgfältig genug einrichten.

»Ein falsches Bett ist ein sicheres Mittel, die Gesundheit zu ruinieren«, warnte Paracelsus bereits vor 400 Jahren. Laut Statistik verbringen wir dort fast 25 Jahre unseres Lebens. Aber nicht nur das Bett, sondern die ganze Schlafzimmereinrichtung ist für unsere Gesundheit wichtig. Daher sollte es selbstverständlich sein, den Schlafraum behaglich einzurichten.

Schlafzimmer kritisch unter die Lupe genommen

Oft handelt es sich nur um kleine Veränderungen im eigenen Schlafzimmer, die notwendig sind, damit man wieder gut und erholt schlummern kann. Überprüfen Sie im nachfolgenden Test, ob Ihr Raum schlaffreundlich ausgestattet ist.

Die hochtechnisierte Welt hat die Nacht zum Tag gemacht, dagegen müssen Sie sich abschirmen.

→ Ist das Zimmer gut durchlüftet und gut temperiert?
→ Herrscht eine angemessene Luftfeuchtigkeit?
→ Nimmt man störenden Lärm wahr?
→ Gibt es keinen oder nur herabgesetzten Lichteinfluss?

Wenn Sie auf eine oder mehrere dieser Fragen mit Nein geantwortet haben, sollten Sie diese Störfaktoren möglichst schnell beseitigen.

Der ideale Schlafraum

→ Sorgen Sie für Ruhe im Schlafzimmer – mit Lärmschutzfenstern, dicken Teppichen, einer doppelten Zimmerdecke oder ganz einfach mit Ohrstöpseln. Denn die Qualität unseres Schlafes leidet enorm unter einem ständig hohen Geräuschpegel.

→ Wo sich störende Lichtquellen wie Laternen oder Leuchtreklamen vor dem Fenster befinden, sollte man den Raum gut abdunkeln. Die Schlaftiefe wird durch Lichtreize nämlich negativ beeinflusst.

Schlafen ist Ihr täglicher Kurzurlaub, darum sollte es dort nichts geben, was Sie dabei stört.

→ Viele Schlafzimmer sind völlig überheizt, andere wiederum im Winter akut unterkühlt! Die Raumtemperatur sollte bei etwa 18 Grad, niemals aber unter 16 Grad liegen. Da man im Alter ein höheres Wärmebedürfnis hat, kann die Temperatur auch manchmal bei 20 Grad liegen.

→ Das Bett sollte im Idealfall an der wärmsten Wand des Zimmers und außerdem mindestens einen Meter vom Fenster entfernt stehen.

→ Die Luftfeuchtigkeit beträgt im Idealfall etwa zwischen 50 und 60 Prozent. Normalerweise reicht ein geöffnetes Fenster, um die nötige Luftfeuchtigkeit zu gewährleisten. Ansonsten helfen feuchte Tücher, die man über den Heizkörper legt. Oder man stellt flache, mit Wasser gefüllte Schalen in der Nähe der Heizung auf.

Ein Tipp zur Wandfarbe: Streichen Sie die Wände Ihres Schlafzimmers mittelblau. Laut Farbpsychologie ist Blau die Farbe der Ruhe, Entspannung und Harmonie.

→ Wir brauchen im Schlaf viel Sauerstoff. Gesunde Luftverhältnisse erzielt man, wenn man zweimal am Tag gründlich für mindestens eine halbe Stunde lüftet: einmal am Morgen und das zweite Mal kurz vor dem Schlafengehen. Ob man bei geöffnetem oder geschlossenem Fenster schläft, entscheidet die Umgebung. Lebt man an einer verkehrsreichen Straße, empfiehlt es sich, wegen der Abgase und des Lärms das Fenster verschlossen zu halten.

→ Absolutes Tabu: Rauchen im Schlafzimmer! In geschlossenen Räumen entstehen durch das Rauchen toxische Effekte und Geruchsbelästigung.

→ Entfernen Sie aus Ihrem Schlafraum alle potentiellen Elektrosmog-Verursacher, beispielsweise Fernseher, CD-Player, Computer, Weckradios und andere Geräte.

Ohne Grünpflanzen schläft es sich besser.

Auch Grünpflanzen können schaden

→ Auch wenn es Ihnen möglicherweise schwer fällt: Verbannen Sie Grünpflanzen aus Ihrem Schlafzimmer. Sie nehmen Ihnen nachts Sauerstoff weg. Außerdem verursacht der Geruch stark duftender Blumen bei einigen Leuten Kopfschmerzen. Blühende Topfpflanzen können Allergien auslösen.

Sie sollen sich wohlfühlen. Deshalb ist Ihr persönlicher Geschmack bei der Gestaltung Ihres Schlafzimmers ausschlaggebend.

Keine Standardausstattung für Schlafzimmer

Das optimal eingerichtete Schlafzimmer gibt es aus medizinischer Sicht nicht. Über die Gestaltung des Raumes entscheiden allein Ihr individueller Geschmack, aber auch Traditionen und Zweckmäßigkeit. Natürlich spielt es außerdem eine Rolle, ob das Zimmer einem Ehepaar, einer Einzelperson, einem jüngeren oder älteren Menschen dienen soll.

Manchmal muss man aufgrund eines beengten Wohnraumes eine Kombination von Schlaf- und Wohnzimmer wählen. Generell sollte bei der Einrichtung des Raums jedoch immer die nächtliche Erholung im Vordergrund stehen. Dazu gehört aber auch, dass man sich im Zimmer rundum wohlfühlt.

Tipps beim Kauf von Bett und Zubehör

Ein auf die individuelle Körpergröße zugeschnittenes Bett ist die Grundvoraussetzung für einen erholsamen Schlaf.

Enorm wichtig ist natürlich die Wahl des richtigen Bettes. Denn eine altbekannte Weisheit besagt: »Wie man sich bettet, so schläft man«. Damit sich die Rückenmuskeln nicht verspannen und Sie morgens nicht mit schmerzenden Gliedern aufwachen, sollten Sie sich an die folgenden Ratschläge halten.

→ Das Bett darf weder zu kurz noch zu schmal sein, sonst werden unsere natürlichen Bewegungen im Schlaf gestört. Ist der Schläfer etwa 1,60 Meter groß, ist ein Bett mit zwei Meter Länge optimal. Wer es auf 1,80 Meter bringt, sollte zu einer Länge von 2,20 Meter greifen. In der Breite sollte ein Einzelbett mindestens einen Meter, ein Doppelbett mindestens 1,80 Meter Spielraum lassen.

→ Manche Forscher glauben, dass ein Bett keine eisenmagnetischen Teile enthalten sollte. Messungen an metallgefederten Betten ergaben nämlich Magnetfeldveränderungen, die auch auf unseren Körper einwirken könnten. Das heißt beispielsweise, dass ein Lattenrost aus Holz vorteilhafter als ein Metallrost ist.

→ Andere Wissenschaftler meinen: Egal welches Material Sie wählen, entscheidend ist alleine die Qualität. Es spielt also keine Rolle, ob Ihre Matratze beispielsweise aus Federkern oder Rosshaar oder Latex besteht.

→ Informieren Sie sich beim Kauf Ihrer Matratze stets über die körperunterstützenden Eigenschaften, den Feuchtigkeitstransport und die speziellen Materialien für Allergiker.

→ Achten Sie auf eine gute Unterfederung, die in allen Zonen beweglich ist. Sie muss sich dem gesamten Körper anpassen. Zu harte Bettunterlagen sind ebenso schädlich wie zu weiche. Das Gleiche gilt für alte, durchgelegene Matratzen. Die Wirbelsäule wird dadurch falsch belastet.

→ Bedenken Sie: Das Höchstlebensalter Ihrer Unterlage liegt etwa bei zehn Jahren. Danach bietet sie keine ausreichende Stützfähigkeit mehr und sollte zudem auch aus hygienischen Gründen gewechselt werden.

Weiche, durchgelegene Matratzen und abgenutzte Lattenroste führen zu gravierenden Schäden der Wirbelsäule.

→ Zweigeteilte oder einteilige Matratze? Auf der einteiligen Matratze kann man zweifelsohne schöner kuscheln. Allerdings übertragen sich die Bewegungen des Schlafenden immer auf den Partner. Das kann eventuell stören. Zwei getrennte Matratzen bieten außerdem den Vorteil, dass die Einstellung der Unterfederung den individuellen Bedürfnissen angepasst werden kann.

→ Die Matratze sollte auf einer festen Unterlage oder einem nur leicht federnden Untergrund liegen.

Die richtigen Materialien

Lüften Sie Nacht- und Bettwäsche täglich!

Baumwolle, Leinen und andere natürliche Materialien sind hautfreundlich und nehmen die nächtliche Ausdünstung besonders gut auf. Von synthetischen Stoffen ist deshalb eher abzuraten. Gleiches gilt für die Schlafbekleidung. Sie sollte möglichst immer aus tierischen oder pflanzlichen Produkten hergestellt sein.

Dicke gefüllte Kissen stützen Kopf und Nacken nicht gut genug und sollten daher ausgetauscht werden.

Pralle Kissen sind nicht empfehlenswert, weil sie sich nicht in die orthopädisch richtige Form drücken lassen. Menschen mit Atem- oder Kreislaufbeschwerden können allerdings gewöhnlich nicht flach schlafen, wie das die Erholung der Wirbelsäule fordern würde. Eine leichte Höherverlagerung des Kopfes kann hier helfen.

Was ist von Modetrends wie Wasser- und Futonbetten zu halten?

Futons eignen sich aus schlafphysiologischen Kriterien nicht, weil unter anderem die Auflage oftmals zu starr ist. Wasserbetten bieten keine ausreichende Abstützung, so dass die im

Beim Kauf von Bett und Zubehör sollten Sie sich nicht von Modetrends leiten lassen – der Schlafkomfort ist wichtiger.

Schlaf notwendigen Bewegungen gestört werden. Auch wird nicht genügend Feuchtigkeit abgeführt. Und der Mensch produziert immerhin jede Nacht bis zu eineinhalb Liter Schweiß.

Das Schlafprotokoll: Hilfe zur Selbsthilfe

Ein Schlafprotokoll, in dem Sie Ihr tägliches Schlafverhalten schildern, gibt nicht nur Ihnen, sondern auch Ihrem Arzt aufschlussreiche Informationen über Ihre Gesundheit.

Wenn Sie den Eindruck haben, dass Sie unter Ein- und Durchschlafstörungen leiden, hilft Ihnen ein Schlafprotokoll. Es gibt Ihnen wichtige Hinweise über Ihr Schlafverhalten. Tragen Sie täglich in ein Heft ein, wann Sie ins Bett gehen, wie lange Sie zum Einschlafen brauchen, wie häufig und wie lange Sie nachts wachliegen und wie lange Sie insgesamt geschlafen haben. Die Selbstbeobachtung wird Ihnen Aufschluss geben, ob Sie tatsächlich unter behandlungsbedürftigen Störungen leiden. Dem Arzt liefert Ihr Protokoll wichtige Informationen für seine Diagnose. Vielleicht stellen Sie aber auch erleichtert fest, dass Sie das Wachliegen in der Nacht überschätzt haben. Denn möglicherweise brauchen Sie gar nicht so lange zum Einschlafen und liegen nachts nicht so häufig wach, wie Sie vorher dachten. Als Anhaltspunkt folgen hier noch einmal die Normwerte für unnormales Schlafverhalten.

→ Den Arzt müssen Sie erst aufsuchen, wenn die Störungen bereits einen Monat andauern und an mindestens drei Tagen in der Woche bestehen.

→ Die Einschlafdauer ist dann unnormal, wenn Sie länger als 30 bis 45 Minuten dauert.

→ Nächtliches Erwachen ist bedenklich, wenn es häufiger als drei- bis viermal pro Nacht erfolgt und Sie dabei länger als zehn Minuten wach liegen.

→ Die Gesamtschlafzeit hängt alleine von Ihrem individuellen körperlichen und seelischen Bedürfnis ab.

Die Autorin

Alexandra Cavelius arbeitete nach einem Volontariat in einer Presseagentur als Redakteurin für eine angesehene Tageszeitung. Seit mehreren Jahren ist sie als freie Journalistin und Autorin tätig und publiziert in renommierten Zeitschriften- und Buchverlagen. Ihre Themenschwerpunkte liegen in den Bereichen Gesundheit, Psychologie und Gesellschaft.

Bildnachweis

AKG Archiv für Kunst und Geschichte GmbH, Berlin: 8, 22, 74; Bavaria Bildagentur GmbH & Co. KG, Gauting/München: 4, 16, 25, 29, 44, 80, 92, 102, 125, 169, 172; Mauritius Die Bildagentur GmbH, Mittenwald: 60, 73, 76, 83, 94, 105, 107, 112, 119, 130, 134, 170; MEV Verlag GmbH, Augsburg: 2 Bildarchiv Okapia KG, Berlin: 13, 69, 96, 122; Dominik Parzinger, München: 162; PhotoDisc, Seattle/Hamburg: 115; Tony Stone Associates GmbH, München: 66, 167; Paul Schäfer, Hamburg: 50; zefa visual media gmbh, Frankfurt: 5, 32, 35, 40, 57, 63, 138, 148, 151, 154
Titel + U4: PhotoDisc, Seattle/Hamburg

Weltbild Buchverlag

Redaktion: Dr. Horst Leisering · Dr. Thomas Rosky
Bildredaktion: Susanne Allende
Umschlag: Beatrice Schmucker
Layout: Jane Behrends, München
DTP-Produktion: AVAK Publikationsdesign, München
Druck und Bindung: Kaltner Media GmbH, Bobingen
Reproduktion: Franz Spiegel Buch GmbH, Ulm

Gedruckt auf chlorfrei gebleichtem Papier

Printed in Germany

ISBN 3-89604-725-6

Weiterführende Literatur

Chopra, Deepak: Endlich erholsam schlafen. Verlag Gustav Lübbe GmbH. Bergisch Gladbach 1995
Comby, Bruno: Wach durch Powerschlaf. Verlag Wilhelm Goldmann GmbH. München 1997
Hecht, Karl: Neugeboren durch gesunden Schlaf. Verlagshaus Goethestraße GmbH & Co. KG. München 1997
Luban-Plozza, Boris/Dickhaut, Hans H.: Schlaf Dich gesund! TRIAS-Thieme Hippokrates Enke. Stuttgart 1993
Stürmer, Ernst: Schlaftraining. Verlagsbuchhandlung F. A. Herbig GmbH. München 1996

Haftungsausschluss

Die Inhalte dieses Buches sind sorgfältig recherchiert und erarbeitet worden. Dennoch können weder die Autorin noch der Verlag für die Angaben in diesem Buch eine Haftung übernehmen.

Register

A

Abendmensch 41, 133
Abmagerungskuren 117
Acetylcholin 20, 52
Akupressur 161
Alkohol 109, 112f.
Alphawellen 13, 16
Alpträume 100, 129, 132
Altersschlaf 35
Amphetamine 111
Angst 99ff.
Angststörungen 104
Ärger 104f.
Aristoteles 10f.
Aserinsky, Eugene 14f.
Auftauchstadium 17
Autogenes Training 153ff.
Autosuggestion 152
Ayurvedische Öl-massage 163f.

B

Baldrian 158
Barbiturate 110f.
Bauchmassage 162
Benzodiazepine 110f.
Berger, Hans 12, 15
Betawellen 13
Bett 170ff.
Bettangst 101, 125
Bettnässen 142
Bewegungsmangel 121
Bewusstlosigkeit 17
Biorhythmus 68, 133
Blake, William 51
Blitzschlaftechnik 77
Blutzuckerspiegel 116
Büroschlaf 81

C

Chronische Schlaf-störungen 79, 124

D

Dämmerzustand 15
Deltawellen 13, 16f.
Depressionen 104, 124
Diäten 117
Droschkenkutscher-haltung 155
Durchschlaf-störungen 95
Duseln 61

E

Edison, Thomas Alva 10, 37
Eingebildete Schlaf-störungen 96
Einschlafhilfen 152
Einschlafstadium 16
Elektroenzephalo-gramm (EEG) 12f.
Elektromagnetische Störungen 119f.
Entspannungs-verfahren 149
Ephedrin 111
Epilespie 142

F

Freud, Sigmund 22, 48
Fußbad 165
Fußgewölbemassage 162
Fußreflexe 85

G

Gestörter Traum-schlaf 95
Gesunde Ernährung 115
Glukose 17
Greene, Graham 51
Grünpflanzen 169
Gymnastik 84

H

Halbschlaf 15
Hartmann, Ernest 39
Hautreinigung 65
Herz-Kreislauf-Beschwerden 102
Herzrasen 100
Herzübung 156
Hippoktrates 11
Hirnstromkurven 15
Hopfen 158f.
Hormone 47, 108
Hormonspiegel 64
Howe, Elias 52
Hypersomnie 126ff.

I

Innere Harmonie 45
Innere Uhr 30, 72
Insomnie 122f.

J

Jetlag-Syndrom 30, 136
Johanniskraut 160

K

kalte Körperab-waschung 166
kalte Wadenwickel 166
kaltes Armbad 167
Klartraum 54ff.
Kleitmann, Nathaniel 14f.
Kneipp, Sebastian 164
Kneippsches Schlaf-konzept 164ff.
Kopfmassage 162
Kopfschmerzen 100
körperliche Ursachen 145
Körpersprache 41
Kortisol 47, 63
Kreislauf 75
Kurzschlaf 66ff., 76f., 86
Kurzschläfer 38f., 71

L

Langschläfer 38f.
Langzeitgedächtnis 59
Lärm 118f.
Leichtschlafperiode 18
Leistungstief 73
Leonardo-da-Vinci-Prinzip 93
Lerneffekt 59
Loewi. Otto 52
Luzider Traum 54

M

Magengeschwüre 102
Magenschmerzen 100
Manien 104
Medikamente 110
Meditation 84
Melatonin 63f.
Melisse 159
Mendelejew, D. I. 52
Mittagsschlaf 67f.

Morgenmensch 40, 133
Muskelzuckungen 16, 131

N

Nachtruhe 88ff.
Narkolepsie 126f.
Nervosität 100
Neuronen 12
Neurotransmiter 20, 46
Nickerchen 61f., 68ff.
Niedriger Blutdruck 74
NON-REM-Schlaf 14, 19f.
Normalschläfer 39
Normschlafdauer 36

P

Parasomnie 122, 129
pflanzliche Medikamente 157ff.
Pflegeprodukte 65
Phobien 104
Phytotherapeutika 157
Positive Autosuggestion 87
Positives Denken 105, 150
Powerschlaf 88ff.
Powerschlafmethoden 90f.
Prüfungen 86f.
Psychische Krankheiten 104
Psychoanalyse 48
Psychostimulanzien 111
Psychotherapie 48, 55, 101

R

Reale Schlafstörungen 96
Reizüberflutung 121
REM-Phase 14, 18
REM-Schlaf 14f., 17, 19ff., 34, 55
Restless-Legs-Syndrom 131
Richman, Naomi 138
Richtiges Aufstehen 83f

S

Sauerstoff 65
Säugling 34
Säuglingsschlaf 139
Sauna 167
Schäfchenzählen 97
Schizophrenie 104
Schlaf-Wach-Rhythmus 31f., 72, 109, 122, 133
Schlafapnoe 127f.
Schlafbedürfnis 27, 81
Schlafbewegungen 42
Schlafdefizit 99
Schlafentzug 45, 65
Schlafexzess 39
Schlaffenster 71f., 87
Schlafforschung 11ff.
schlaffreundliche Kost 116
Schlafhaltungen 42
Schlaflage 43
Schlaflosigkeit 26, 97, 122ff.
Schlafmanagement 92
Schlafmangel 39,46f.
Schlafmedikamente 111, 148
Schlafmittel 97, 111
Schlafpensum 31
Schlafquantum 35
Schlafrhythmus 34
Schlafrituale 152
Schlafschaukeln 141
Schlafstörungen 6, 38, 94ff.
Schlafstruktur 35
Schlafstrümpfe 166
Schlaftheorien 11, 28f.
Schlafüberschuss 126
Schlafverhalten 33
Schlafwandeln 130ff.
Schlafzeit 61
Schlafzimmer 170ff.
Schlafzyklen 19
Schnarchen 127f.
Schönheitsschlaf 65
Schultz, Johannes 153
Schweißausbrüche 100
Schwereübung 156
Seelenlage 43, 145
Serotonin 20
Sex 152
Somatotropin 17
Stampi, Claudio 92
Stellungswechsel 42
Stichtage 86
Stirnübung 156
Stoffwechselstörungen 102
Stradonitz, Agust Kekulé von 51
Stress 67, 99, 102ff.
Suchtprobleme 124

T

Tag-Nacht-Rhythmus 34
Tagesrhythmus 31
Thalasso-Therapie 167
Thetawellen 13, 16
Tholey, Paul 55, 57
Tiefenentspannung 153
Tiefschlaf 17, 35
Tiefschlaflänge 88ff.
Todesangst 101
Traumbotschaften 49
Traumdeutung 22
Träume 17, 21ff.
Traumschlaf 59
Traurigkeit 104f.

V

Variable Schlaffenster 72
Verringerte Schlaftiefe 95
Verzögertes Einschlafen 95
24-Stunden-Rhythmus 64
Vollbad 165
Vorzeitiges Erwachen 95

W

Wachmacher 110
Wärmeübung 156
Weckamine 111
Witterung 118
Wunschtraum 56

Y

Yoga 152

Z

Zähneknirschen 103
Zappelphilipp-Kinder 142
Zirbeldrüse 64